인생에 한번쯤
교양으로 읽는

채근담

<<< 흔들리는 나를 일으켜 세우는 고전 속으로 >>>

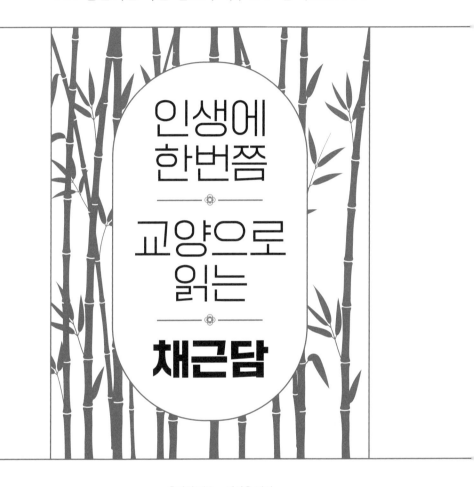

인생에 한번쯤

교양으로 읽는

채근담

홍자성 지음 + 김선옥 편저

레몬북스
lemon books

들
어
가
기
전
에

채근담(茶根譚)은 유교에 그 근간을 두고 있지만 노장자의 도교와 석가의 불교, 그리고 공맹자의 유교를 접목시켜 인생의 참뜻과 지혜로운 삶의 자세를 살펴보도록 한 책이다.

채근담은 전집 225장과 후집 134장으로 이루어졌지만 본서에서는 현시대에 맞지 않는 부분들은 일부 삭제하였고 굳이 원문에 충실하기보다는 이를 의역하였다.
그러나 그 내용 하나하나는 비록 단편일망정 사람이 살아가는 데 꼭 필요한 마음가짐을 살펴보도록 했다.
현실에 집착하지 않는 마음가짐과 처세술, 자연을 벗하며 살아가는 풍

류는 물론 권세나 명리를 멀리하고, 부귀와 영화도 덧없음을 대구법으로 비유하여 읽는 이로 하여금 그 의미를 되새기도록 하였다.

독자 여러분은 동양에서 최고의 인문고전으로 추앙받는 채근담을 통해 인생의 참뜻은 물론 물욕과 이기심에서 벗어나 자유의 경지에 이르리라 믿는다.

차
례

들어가기 전에

菜根譚

사물의 이치에 통달한 사람

서 수 도 덕 자　　적 막 일 시
棲守道德者는 寂寞一時하고

의 아 권 세 자　　처 량 만 고
依阿權勢者는 凄凉萬古이니라.

달 인　　관 물 외 지 물　　사 신 후 지 신
達人은 觀物外之物하고 思身後之身하나니

영 수 일 시 지 적 막　　　　무 취 만 고 지　처 량
寧受一時之寂寞이언정 毋取萬古之 凄凉하라.

○ 풀이　　도덕을 지키며 사는 사람은 한때 쓸쓸한 생활을 할 수도 있지만, 권세에 아부하며 빌붙어 사는 사람은 영원히 처량하게 된다. 사물의 이치에 통달한 사람은 사물 밖의 진리를 깨닫고, 죽은 후에도 명예를 생각한다. 그러므로 한때의 적막함을 당할지언정, 영원히 처량한 신세는 안 될 것이다.

○ 주해　　서수(棲守) : 머물러 지키는 것 • 의아(依阿) : 빌붙어 아부함 • 처량(凄凉) : 쓸쓸한 모습 • 달인(達人) : 사물의 이치와 도리에 통달한 사람 • 물외지물(物外之物) : 사물 밖의 사물, 즉 현상계(現象界)의 배후에 있는 실재(實在)의 세계 • 신후지신(身後之身) : 육신이 사라진 다음에 오게 되는 명예, 평판.

군자는 자연스러워야 한다

섭세 천　　점염 역 천　　　역 사 심　　　기 계 역 심
涉世淺이면 點染亦淺이요 歷事深이면 機械亦深이라.

고　　군자　여기연달　　　　불약박로
故로 君子는 與其達練으로는 不若朴魯하고

여기곡근　　　　불약소광
與其曲謹으로는 不若疎狂이니라.

○ 풀이　　세상과의 접촉이 얕으면 그만큼 때 묻음도 얕고, 세상과의 접촉이 깊으면 그만큼 남을 속이는 계략도 깊게 마련이다. 그러므로 군자는 능소 능란하기보다는 소박한 편이 바람직하고, 주도면밀하기보다는 소탈하고 자연스러운 것이 오히려 낫다.

○ 주해　　섭세(涉世) : 세상과 교섭하며 살아가는 것 • 점염(點染) : 세속의 때와 악에 조금씩 물드는 것 • 역사(歷事) : 세상의 여러 가지 일에 대한 경력 • 기계(機械) : 권모술수, 계략, 속임수 • 연달(練達) : 노련하고 통달함.

🏮 군자의 재능과 슬기로움은 감추어야 한다

군자지심사　천청일백　불가사인부지
君子之心事는 天靑日白하여 不可使人不知요

군자지재화　옥온주장　불가사인이지
君子之才華는 玉韞珠藏하여 不可使人易知니라.

○ 풀이　　군자의 마음가짐은 푸른 하늘의 빛나는 태양처럼 남들로 하여금 모두 알아보게 해야 하며, 군자의 재능과 슬기로움은 옥구슬과 진주가 깊숙이 감추어진 것같이 남들로 하여금 쉽사리 알게 해서는 안 될 것이다.

○ 주해　　심사(心事) : 마음가짐, 마음, 마음 씀 • 천청일백(天靑日白) : 푸른 하늘과 빛나는 태양. 마음가짐, 마음씀이 공명정대(公明正大)한 것을 뜻함 • 재화(才華) : 탁월한 재주와 뛰어난 슬기 • 옥은주장(玉韞珠藏) : 옥구슬이 바위 속에 숨겨져 있고 진주가 바닷속 깊숙이 감추어져 있는 것, 즉 자신의 재능과 슬기를 보물처럼 깊이 간직하여 함부로 드러내지 않음을 뜻함 • 이지(易知) : 용이하게 알다. 쉽사리 알다.

결백하고 고결한 사람

세리분화　　불근자위결　　　근지이불염자　　위우결
勢利紛華는 不近者爲潔이나 近之而不染者는 爲尤潔이요.

지계기교　　부지자위고　　지지이불용자　　위우고
智械機巧는 不知者爲高니 知之而不用者는 爲尤高이니라.

○ 풀이　　권세와 명리(名利), 사치와 호화로움을 가까이 하지 않는 사람을 결백하다고 하지만, 이를 가까이 하면서도 물들지 않은 사람을 더욱 결백하다고 한다. 책략과 속임수, 교활함을 모르는 사람을 고결하다고 하지만, 알고 있으면서도 쓰지 않는 사람을 더욱 고결하다고 하는 것이다.

○ 주해　　세리(勢利) : 권세와 명리(名利) • 분화(紛華) : 사치와 호화로움 • 위결(爲潔) : 깨끗하다고 하다, 결백하다고 하다 • 우결(尤潔) : 더욱 깨끗함, 더욱 결백함 • 지계기교(智械機巧) : 권모와 술수, 책략과 속임수, 나쁜 지혜와 교활한 꾀 • 우고(尤高) : 더욱 고상함, 더욱 높음, 더욱 고결함.

덕성을 기르고 행실을 닦는 숫돌

이 중   상 문 역 이 지 언   심 중   상 유 불 심 지 사
耳中에 常聞逆耳之言하고 心中에 常有拂心之事하면

재 시 진 덕 수 행 적 지 석   약 언 언 열 이   사 사 쾌 심
纔是進德修行的砥石이니 若言言悅耳하고 事事快心이면

변 파 차 생   매 재 짐 독 중 의
便把此生하여 埋在鴆毒中矣니라.

○ 풀이   귀에는 언제나 거슬리는 말을 듣고, 마음속에는 언제나 어긋나
는 일이 있으면 이는 곧 덕성을 기르고 행실을 닦는 숫돌이 되는 것이
다. 만일 말마다 귀를 기쁘게 하고, 일마다 마음을 만족케 한다면 이는
곧 자신의 삶을 짐독에 파묻는 것이 된다.

○ 주해   역이지언(逆耳之言) : 귀에 거슬리는 말, 충고 • 불심지사(拂心之事) :
마음에 어긋나는 일 • 재시(纔是) : 바로 ~이다 • 진덕수행(進德修行) : 덕을 기
르고 행실을 닦음 • 지석(砥石) : 숫돌 • 열이(悅耳) : 귀를 즐겁게 함. 귀를 기
쁘게 함 • 변(便) : 곧 • 차생(此生) : 이 생명, 이 몸 • 짐독(鴆毒) : 짐새의 깃털
에 있는 독.

하루라도 기쁨이 없어서는 안 된다

질풍노우   금조   척 척
疾風怒雨에는 禽鳥도 戚戚하고

제 일 광 풍   초 목   흔 흔
霽日光風에는 草木도 欣欣하나니

가 견 천 지   불 가 일 일 무 화 기
可見天地에 不可一日無和氣요

인 심   불 가 일 일 무 희 신
人心에 不可一日無喜神이니라.

○ 풀이   거센 비바람은 새들도 근심하고, 갠 날씨와 산들바람에는 초목
도 기뻐하는 듯하다. 천지에는 하루라도 온화한 기운이 없어서는 안 되
고 사람의 마음에는 하루라도 기쁨이 없어서는 안 된다.
웃는 얼굴은 여유를 자아내게 하고 여유는 상대방을 마음 편하게 해준
다. 그러나 이 세상에는 여유를 잃고 살아가는 사람들이 너무 많고 또
남의 처지를 고려하지 않는 사람 역시 너무도 많다.

○ 주해   질풍(疾風) : 사납고 세차게 부는 바람 • 노우(怒雨) : 성난 듯 퍼붓는
비 • 금조(禽鳥) : 날짐승 • 척척(戚戚) : 근심에 잠긴 모습 • 제일광풍(霽日光風)
: 맑게 갠 날의 서늘한 바람 • 흔흔(欣欣) : 기뻐하는 모습, 즐거워하는 모양 •
화기(和氣) : 따뜻하고 부드러운 기운 • 희신(喜神) : 기쁜 마음, 즐거운 마음.

17

덕이 높은 사람은 다만 평범할 뿐이다

농 비 신 감   비 진 미   진 미   지 시 담
醲肥辛甘이 非眞味라 眞味는 只是淡하며

신 기 탁 이   비 지 인   지 인   지 시 상
神奇卓異는 非至人이라 至人은 只是常이니라.

○ 풀이   농도 짙은 술, 기름진 고기와 맵고 단맛이 참다운 맛은 아니다.
참다운 맛은 오로지 담백할 뿐이다. 기이한 재주와 탁월한 행실이 있어
야 지인(至人)이 되는 것은 아니다. 지인은 오로지 평범할 뿐이다.
훌륭한 인격자는 그 언행과 자세에 있어 결코 지나침이 없이 아주 평범
하고 소박하다.

○ 주해   농비(醲肥) : 짙은 술과 기름진 고기 • 신감(辛甘) : 맵고 단맛 • 진미
(眞味) : 참맛 • 담(淡) : 담담한 것, 담백함 • 신기(神奇) : 기이한 재주, 신비롭
고 이상한 재주 • 탁이(卓異) : 특이하고 유별난 행위, 탁월한 행실 • 지인(至
人) : 도(道)를 체득한 참된 인격자.

여유로운 마음가짐

천지 적연부동 이기기 무식소정
天地는 寂然不動이로되 而氣機는 無息少停하고

일월 주야분치 이정명 만고불역
日月은 晝夜奔馳로되 而貞明은 萬古不易이니라.

고 군자 한시 요유끽긴적심사
故로 君子는 閒時에 要有喫緊的心思하며

망처 요유유 한적취미
忙處에 要有悠 閒的趣味니라.

○ 풀이 하늘과 땅은 고요하여 움직이지 않지만 그 작용에는 잠시의
휴식이 없고, 해와 달은 밤낮으로 바삐 달리고 있지만 그 밝음은 영구히
변치 않는다. 그러므로 군자는 한가한 때에는 비상시에 대비하는 마음
을 지녀야 하고, 바쁜 가운데에서도 여유로운 마음가짐이 있어야 한다.
평온하고 한가한 때는 불시에 닥쳐올지도 모를 급변에 대비하고 바쁠
때는 차분하게 마음을 가다듬는 자세가 있어야 한다.

○ 주해 적연부동(寂然不動) : 고요하여 움직이지 않는 것 • 기기(氣機) : 천
지와 음양의 작용 • 분치(奔馳) : 바쁘게 달림, 부지런히 뛰어감 • 정명(貞明) :
밝음, 광명 • 불역(不易) : 바뀌거나 변하지 않는 것 • 끽긴적심사(喫緊的心思)
: 다급한 일에 대비하는 마음, 비상시에 대처하는 마음 • 유한(悠閒) : 여유 있
고 한가함 • 취미(趣味) : 멋, 마음가짐. 취향, 심적 자세.

진실을 얻을 때

심야인정   독좌관심   시각망궁이진독로
深夜人靜에 獨坐觀心하면 始覺妄窮而眞獨露하나니

매어차중   득대기취
每於此中에 得大機趣니라.

기각진현이망난도   우어차중   득대참뉵
旣覺眞現而妄難逃하면 又於此中에 得大慚忸이니라.

○ 풀이   밤이 깊어 인기척이 없이 고요할 때에 홀로 앉아 자신의 마음을 살펴보면, 비로소 망상이 사라지고 참마음이 나타나게 되는 것을 깨닫게 되며, 매양 이런 가운데서 커다란 진실을 얻게 된다. 그러나 이미 참마음이 나타났는데도 망상에서 벗어나기 어려움을 깨닫게 되면, 또한 이 가운데서 진실로 부끄러움을 느끼게 되는 것이다.

인간의 마음속에는 상충되는 두 개의 마음, 즉 이성(理性)과 악(惡), 선(善)과 본능(本能)이 있다.

○ 주해   관심(觀心) : 자기의 본심을 살펴봄 • 망궁(妄窮) : 망령된 생각이 사라짐, 망상이 없어짐 • 진독로(眞獨露) : 참마음이 홀로 나타남, 순수한 마음이 홀로 드러남 • 대기취(大機趣) : 깨닫는 데서 얻어지는 큰 진리, 자유자재(自由自在)한 마음의 작용 • 참뉵(慚忸) : 큰 부끄러움, 수치.

결코 포기해서는 안 된다

은리　유래생해　　고　쾌의시　수조회두
恩裡에 由來生害하나니 故로 快意時에 須早回頭하고

패후　혹반성공　　고　불심처　막변방수
敗後에 或反成功하나니 故로 拂心處에莫便放手하리

○ 풀이　　원래 은총 속에서 재앙은 싹트게 된다. 그러므로 마음에 흡족할 때 모름지기 빨리 머리를 돌려 살펴야 한다. 실패 후에 도리어 성공할 수도 있다. 그러므로 일이 뜻대로 되지 않는다고 해서 곧 그 일을 포기해서는 안 될 것이다.

한 치 앞을 내다볼 수 없는 것이 인생이다. 겨울이 지나면 봄이 찾아오고 둥근 달은 이지러지는 것이 자연의 법칙이며 이 법칙은 인간에게도 적용된다.

○ 주해　　은리(恩裡) : 은총을 받는 중에 • 유래(由來) : 원래, 본래, 본시(本是) • 생해(生害) : 재앙이 싹틈, 재앙이 발생함 • 쾌의시(快意時) : 만족스러울 때, 일이 뜻대로 잘되어 의기양양할 때 • 회두(回頭) : 머리를 돌려 주변을 살핌 • 불심(拂心) : 일이 뜻대로 되지 않아 마음이 유쾌하지 못한 것 • 변(便) : 곧 • 방수(放手) : 손을 놓음, 포기함.

🍵 지조 있는 사람은 억지로 꾸미지 않는다

여 구 현 장 자　　다 빙 청 옥 결
藜口莧腸者는 多氷清玉潔하고

곤 의 옥 식 자　　감 비 슬 노 안
袞衣玉食者는 甘婢膝奴顔하나니

개 지 이 담 박 명　　이 절 종 비 감 상 야
蓋志以澹泊明하고 而節從肥甘喪也이니라.

○ 풀이 　　**명아주국**(명아주: 우리나라 전 지역의 밭이나 길가, 빈터, 강둑 등지에서 흔하게 무리지어 자라는 한해살이풀)으로 입맛을 달래고 비름나물로 창자를 채우는 사람 중에는 얼음처럼 맑고 옥처럼 깨끗한 사람이 많지만, 비단옷을 입고 기름진 음식을 먹는 사람 중에는 종처럼 무릎을 조아리고 억지로 얼굴 표정을 꾸미는 비굴한 일도 서슴지 않는 사람이 많다. 대체로 지조는 담백함으로써 밝아지고 절개는 기름진 고기와 맛있는 음식을 좋음으로써 잃게 되는 것이다.
그릇된 줄 알면서도 돈이 많거나 자신의 위에 있다고 하여 무조건 아부하며 비굴한 모습을 보여서는 안 된다.

○ 주해 　여구(藜口) : 명아주국으로 입맛을 달램 • 현장(莧腸) : 비름나물로 창자를 채우는 것 • 빙청옥결(氷淸玉潔) : 얼음처럼 맑고 옥처럼 깨끗함, 곧 지조와 절개를 상징한 말임 • 곤의(袞衣) : 왕이나 고관대작들이 입는 비단 옷 • 옥식(玉食) : 영양가 높고 맛있는 음식 • 감(甘) : 기꺼이 여김 • 비슬(婢膝) : 종처럼 무릎을 조아리는 것 • 노안(奴顏) : 종처럼 웃는 얼굴로 아부함 • 담박(澹泊) : 맑고 깨끗함, 청렴결백함 • 절(節) : 절개 • 비감(肥甘) : 기름지고 맛있는 요리, 부귀와 영화를 뜻함 • 상(喪) : 잃다, 상실하다.

마음을 열고 불평불만을 잠재워야 한다

면 전 적 전 지　　요 방 득 관　　사 인 무 불 평 지 탄
面前的田地는　要放得寬하여　使人無不平之歎하며

신 후 적 혜 택　　요 류 득 구　　사 인 유 불 궤 지 사
身後的惠澤은　要流得久하여　使人有不匱之思하라

○ 풀이　　살아생전에는 마음을 활짝 열어 그 너그러움으로 사람들이 불평의 탄식이 없도록 해야 하며, 죽은 뒤의 은혜는 오랫동안 이어지게 하여 사람들이 부족함을 느끼지 않도록 해야 한다.

○ 주해　　면전(面前) : 살아 있는 동안, 눈앞, 현재 • 전지(田地) : 마음, 마음의 밭, 마음가짐, 심지(心地) • 방득관(放得寬) 마음을 너그럽게 열어 놓음 • 신후(身後) : 몸이 사라진 이후, 즉 사후(死後)를 말함 • 유득구(流得久) : 남기어 오래 지속되게 함 • 불궤(不匱) : 넉넉함, 부족함이 없음, 넉넉하여 만족함.

세상을 살아가는 가장 즐거운 방법

경 로 착 처   유 일 보   여 인 행
徑路窄處에는 留一步하여 與人行하며

자 미 농 적   감 삼 분   양 인 기
滋味濃的은 減三分하여 讓人嗜하라.

차 시 섭 세   일 극 안 락 법
此是涉世의 一極安樂法이니라.

○ 풀이   오솔길 좁은 곳에서는 한 걸음 멈추어 남이 먼저 지나가도록 하고, 기름지고 맛있는 음식은 3분의 1을 덜어내어 남이 먹도록 양보하라. 이것이 세상을 살아가는 가장 즐거운 방법이 된다.

○ 주해   경로(徑路) : 오솔길, 지름길, 작은 길(小路) • 착처(窄處) : 좁은 장소 • 여인행(與人行) : 남이 먼저 지나가게 길을 양보함 • 자미(滋味) : 영양가가 높고 맛있는 음식 • 농적(濃的) : 진한 맛이 나는 기름진 음식 • 감삼분(減三分) : 3분의 1을 덜어 냄 • 양인기(讓人嗜) : 다른 사람에게 양보하여 맛보게 함 • 섭세(涉世) : 세상을 살아감 • 일극(一極) : 최고, 제일 • 안락(安樂) : 편안하고 즐거움.

물욕에 사로잡히지 말아야 한다

작인　　무심고원사업　　　파탈득속정　　변입명류
作人이 無甚高遠事業이라도 擺脫得俗情이면 便入名流하고

부　　　위학　　무심증익공 감제득물루　　변초성경
夫라도 爲學이 無甚增益工 減除得物累면 便超聖境이니라.

○ 풀이　　어떤 위대한 사업을 이룬 것이 없더라도 능히 속된 감정에서 벗어날 수만 있다면 곧 명사 측에 들 수 있고, 학문을 함에 있어서는 특출한 업적은 없을지라도 능히 물욕을 덜어낼 수만 있다면 성인의 경지로 들어갈 수 있는 것이다.

○ 주해　　작인(作人) : 위인(爲人: 사람됨) • 무심(無甚) : 탁월하게 ~하지는 못한다, 뛰어나게 ~하는 것은 없다, 과도하게 ~하는 것은 없다 • 고원사업(高遠事業) : 높고 위대한 일, 높고 원대한 일 • 파탈(擺脫) : 털어 버리다, 벗어나다 • 속정(俗情) : 속된 감정, 속된 마음 • 명류(名流) : 저명인사 • 증익(增益) : 보태어 이바지함, 더하여 도움이 되게 함 • 감제(減除) : 덜어내고 제거함 • 물루(物累) : 물욕, 사심, 세속적인 지위나 재물에 마음이 얽매어 있는 것 • 변초(便超) : 바로 넘어 들어가다 • 성경(聖境) : 성인의 경지.

친구를 사귐에는 의협심을 지녀야

교 우   수 대 삼 분 협 기   작 인   요 존 일 점 소 심
交友에는 須帶三分俠氣하고 作人에는 要存一點素心이니라.

○ 풀이　　　벗을 사귐에는 모름지기 삼분(10분의 3)의 의협심을 지녀야 하며, 사람됨에는 반드시 한 점의 깨끗한 본심을 간직해야 한다.

○ 주해　　　대(帶) : 허리띠를 두르다, 즉 언제나 몸에 간직하고 있음을 뜻함 • 삼분(三分) : 10분의 3 • 협기(俠氣) : 남의 어려운 처지를 외면하지 못하는 의로운 마음, 의협심 • 작인(作人) : 사람됨, 위인(爲人) • 소심(素心) : 순수한 마음, 깨끗한 마음, 본연의 마음.

덕행을 줄여서는 안 된다

총 리　　　무 거 인 전　　　덕 업　　　무 락 인 후
寵利에는　毋居人前하고　德業에는　毋落人後하라.

수 향　　　무 유 분 외　　　　　수 위 무 감 분 중
受享에는　毋踰分外하고　에는　修爲毋減分中하라.

○ 풀이　　은총과 명리(名利)의 일에는 남보다 앞서지 말고 덕업에는 남
보다 뒤떨어지지 말아야 한다. 받아서 누리는 것은 분수를 넘지 말고 몸
과 마음을 닦는 행위는 분수 이하로 줄여서는 안 된다.

○ 주해　　총리(寵利) : 총애와 이익, 은총과 명리(名利) • 무(毋) : ~하지 말
라 • 덕업(德業) : 덕행(德行) • 수향(受享) : 남에게서 무엇을 받아서 누림, 향
수 • 유(踰) : 넘다, 넘치다, 초과하다 • 분외(分外) : 분수 밖 • 수위(修爲) : 몸
과 마음을 닦아 실행함 • 분중(分中) : 분수의 안, 능력의 한도.

남을 이롭게 함은 자신을 이롭게 하는 근본이다

처세　　양일보　위고　　　퇴보　　즉진보적장본
處世에는 讓一步를 爲高하나니 退步는 卽進步的張本이요.

대인　　관일분　시복　　이인　　실리기적근기
待人에는 寬一分이 是福이니 利人은 實利己的根基니라.

○ 풀이　세상을 살아가는 데는 한 걸음 물러설 줄 아는 것을 높게 여기나니, 한 걸음 양보하는 것은 곧 스스로 전진할 바탕이 되기 때문이다. 사람을 너그럽게 대하는 것이 복이 되나니, 남을 이롭게 하는 것은 사실은 자신을 유익하게 하는 근본이 되기 때문이다.

○ 주해　처세(處世) : 이 세상을 살아 나가는 일 • 위고(爲高) : 고상하게 여기다, 높게 여기다, 고귀하게 보다 • 즉(卽) : 곧 • 장본(張本) : 바탕, 근본, 토대 • 대인(待人) : 남을 대접함, 사람을 대우함 • 관(寬) : 너그러움, 관용 • 일분(一分) : 10분의 1, 조금, 약간 • 시복(是福) : 이것은 바로 복이 됨 • 이인(利人) : 남을 이롭게 함 • 이기(利己) : 자기를 유익하게 함 • 근기(根基) : 바탕, 근거.

🏵 함부로 자랑하지 말라

개 세 공 로　　당 부 득 일 개 긍 자
蓋世功勞도　當不得一箇矜字요

미 천 죄 과　　당 부 득 일 개 회 자
彌天罪過도　當不得一箇悔字니라.

○ 풀이　　세상을 뒤덮을 큰 공로로 한낱 자랑할 긍(矜)자 하나를 당해내
지는 못하고, 하늘에 가득 찬 큰 죄과도 한낱 참회할 회(悔)자 하나를 당
해내지는 못한다.

○ 주해　　개세(蓋世) : 이 세상을 뒤덮음 • 부득(不得) : ~하지 못하다, ~할 수
없다 • 일개(一箇) : 한낱 • 긍(矜) : 자랑하다, 으스대다, 뽐내다 • 미천(彌天) :
하늘까지 가득 차 있음 • 죄과(罪過) : 죄와 허물, 죄와 과오 • 회(悔) : 참회하
다, 후회하다, 뉘우치다.

30

🏯 명예를 독점해서는 안 된다

완 명 미 절　　불 의 독 임　　분 사 여 인　　가 이 원 해 전 신
完名美節은 不宜獨任이니 分些與人이면 可以遠害全身이요.

욕 행 오 명　　불 의 전 추　　인 사 귀 기　　가 이 도 광 양 덕
辱行汚名은 不宜全推이니 引些歸己면 可以韜光養德이니라.

○ _{풀이}　좋은 이름과 아름다운 지조는 혼자만 차지하지는 안 된다. 그것을 남에게도 조금은 나누어 주어야 재앙을 멀리하여 몸을 보전할 수 있다. 욕된 행실과 더러운 이름은 남에게만 미루지 말라. 그것을 조금은 자기에게 돌려야 빛을 감추고 덕을 기를 수 있다.

○ _{주해}　완명(完名) : 좋은 이름, 손상되지 않은 명예 • 미절(美節) : 아름다운 절개, 아름다운 지조. • 불의(不宜) : 마땅치 않음 • 독임(獨任) : 독차지하는 것, 독점함 • 사(些) : 조금은, 약간, 사소한 • 여인(與人) : 다른 사람에게 주다 • 가이(可以) : ~로 ~할 수 있다 • 욕행(辱行) : 더러운 행실, 욕된 행위 • 오명(汚名) : 더러운 이름, 불명예스러운 이름 • 전추(全推) : 모두 남에게 미룸, 모두 남에게 떠맡김 • 귀기(歸己) : 자기 자신에게로 돌림, 자신의 과오로 돌림 • 도광(韜光) : 빛을 감추는 것, 능력이나 지혜가 밖으로 나타나지 않도록 깊숙이 숨겨두는 것 • 양덕(養德) : 덕성을 기르는 것.

마음의 여유를 가지고 일해야 한다

사사   유개유여   부진적의사
事事에 留個有餘하여 不盡的意思면

변조물   불능기아   귀신   불능손아
便造物도 不能忌我하고 鬼神도 不能損我니라.

약업필구만   공필구영자   불생내변   필소외우
若業必求滿하고 功必求盈者는 不生內變이면 必김外憂니라.

○ 풀이 　 일마다 조금쯤은 채우지 못하는 것을 걱정해 완벽하게 하겠다
는 뜻을 두지 않는다면 조물주도 나를 꺼려하지 않을 것이요, 귀신도 나
를 해치지 못할 것이다. 만약 하는 일마다 반드시 다 이루어지기를 바라
고 공적도 가득 차기를 바란다면, 안에서 변고가 일어나지 않으면 반드
시 밖으로 근심 걱정을 부르게 되는 것이다.

○ 주해 　 사사(事事) : 모든 일, 일마다, 매사 • 개(個) : 하나의, 조금쯤, 일개 • 유
여부진(有餘不盡) : 약간 부족한 듯함, 다하지 못한 구석이 있는 듯함 • 조물(造
物) : 조물주 • 구만(求滿) : 완전히 이루어지길 바람 • 내변(內變) : 안에서 생기
는 변(變), 안에서 일어나는 변고 • 외우(外憂) : 밖에서부터 오는 근심, 걱정.

가 정　　유 개 진 불　　　일 용　　유 종 진 도
家庭에 有個眞佛하고 日用에 有種眞道라.

인 능 성 심 화 기　　　유 색 완 언
人能誠心和氣하고 愉色婉言하여

사 부 모 형 제 간　　　형 해 양 석
使父母兄弟間하여 形骸兩釋하고

의 기 교 류　　　승 어 조 식 관 심 만 배 의
意氣交流하면 勝於調息觀心萬倍矣니라.

○ 풀이　　집안에 한 분의 참된 부처님이 있고, 비근한 일상생활 속에서
도 참다운 도리가 있다. 사람이 성실한 마음과 친화(親化)한 기운을 지
니고, 즐거운 표정에 자상한 말씨로서 부모형제를 한 몸이 되게 하며 뜻
을 서로 통하게 한다면, 고요히 앉아 호흡을 고르게 하며 참선을 하는
것보다 훨씬 더 의미 있는 일일 것이다.

○ 주해　　일용(日用) : 평범한 일상생활 • 종(種) : 일종의 • 유색(愉色) : 즐거
운 표정, 기쁜 표정 • 완언(婉言) : 부드러운 말씨, 완곡한 말씨 • 형해(形骸) :
몸, 육신 • 양석(兩釋) : 둘이 풀려 하나로 융화됨 • 의기교류(意氣交流) : 뜻을
서로 통하게 함 • 어(於) : ~보다 • 조식(調息) : 호흡을 조절하는 것, 도교(道
敎)의 도사(道士)들이 행하는 양생법의 일종임 • 관심(觀心) ; 조용히 앉아 자
신의 마음을 살피며 선과 악, 시(是)와 비(非), 유(有)와 무(無)에 개의치 않고
안락하고 자유로운 경지에 이르는 것, 선불교(禪佛敎)의 좌선수양법.

도를 체득한 이의 마음

호 동 자   운 전 풍 등
好動者는 雲電風燈이요

기 적 자   사 회 고 목
嗜寂者는 死灰槁木이라.

수 정 운 지 수 중   유 연 비 어 약 기 상
須定雲止水中에 有鳶飛魚躍氣象하니

총 시 유 도 적 심 체
總是有道的心體니라.

○ 풀이   움직이기를 좋아하는 이는 구름 속에서 번쩍이는 번개와 바람 앞에서 흔들리는 등불과 같고, 고요함을 즐기는 이는 타다가 꺼져 버린 재와 앙상하게 마른 나무와 같도다. 모름지기 멈춘 구름과 잔잔한 물 위에서 소리개가 날고 물고기가 뛰노는 기상이 있어야 하나니 이것이 바로 도를 체득한 이의 마음이다.

○ 주해   운전(雲電) ; 구름 속에서 일어나는 번개 • 풍등(風燈) : 바람에 흔들리는 등불 • 기적자(嗜寂者) : 고요함을 즐기는 사람 • 사회고목(死灰槁木) : 타다가 꺼져 버린 재와 마른 나무, 생기와 활력이 없음을 뜻함 • 정운지수(定雲止水) : 멈춘 구름과 잔잔한 물, 정적상태(靜的狀態)를 뜻함 • 연비어약(鳶飛魚躍) : 소리개가 날고 물고기가 뛰노는 것, 만물이 모두 각자의 주어진 분수와 천성에 따라 유유히 살아가는 모습을 말하고 있음, 생명의 약동을 표현한 말이기도 함, 시경(詩經)과 중용(中庸)에서 인용한 구절임 • 심체(心體) : 마음의 실체(實體), 마음의 본체(本體), 마음의 본바탕.

📖 악행을 질책하되 너무 엄해서는 안 된다

공인지악　　무태엄
攻人之惡엔 毋太嚴하라

요사기감수
要思其堪受니라.

교인이선　　무과고
教人以善엔 毋過高하라

당사기가종
當使其可從이니라.

○풀이　　남의 나쁜 점을 질책하되 너무 엄해서는 안 된다. 그가 그것을 받아서 견뎌낼 수 있는가를 생각해 보아야 한다. 남을 선으로서 가르치되 지나치게 높은 수준으로 해서는 안 되며 그가 따라갈 수 있는 것으로 해야 한다.

○주해　　공(攻) : 비난함, 공격함, 꾸짖음, 질책함 • 악(惡) : 나쁜 점, 잘못, 과오, 허물, 결점 • 무(毋) : ~하지 말라, ~해서는 안 된다 • 태엄(太嚴) : 지나치게 엄격한 것 • 감수(堪受) : 받아서 견뎌 낼 수 있음, 받아서 감당할 수 있음 • 과고(過高) : 지나치게 수준이 높은 것, 너무 고상한 것 • 가종(可從) : 따라갈 수 있음.

깨끗함은 더러움에서 생겨난다

분 충   지 예   변 위 선   이 음 로 어 추 풍
糞蟲은 至穢나 變爲蟬하여 而飮露於秋風하고,

부 초   무 광   화 위 형   이 요 채 어 하 월
腐草는 無光이나, 化爲螢하여 而耀采於夏月하나니

고 지 결 상 자 오 출   명 매 종 회 생 야
固知潔常自汚出하고 明每從晦生也니라.

○ 풀이   굼벵이는 더럽지만 변하여 매미가 되어 가을바람에 깨끗한 이
슬을 마시고, 썩은 풀은 빛이 없건만 화해서 반딧불이 되어 여름밤에 광
채를 발한다. 참으로 깨끗한 것은 항상 더러운 것에서 나오고, 밝음은
매양 어두움에서 생긴다.

○ 주해   분충(糞蟲) : 벌레, 구더기, 굼벵이 • 지예(至穢) : 매우 더러움 • 선
(蟬) : 매미 • 부초(腐草) : 썩은 풀 • 형(螢) : 반딧불, 개똥벌레 • 요채(耀采) :
빛을 내다, 광채를 발하다 • 고(固) : 진실로, 참으로 • 회(晦) : 어둠.

🏷 잘난 체하는 것은 객기일 뿐이다

긍 고 기 오　　무 비 객 기
矜高倨傲는 無非客氣니,

항 복 득 객 기 하 이 후　　정 기 신
降伏得客氣下而後에 正氣伸하고,

심　　　정 욕 의 식
心하니 情欲意識은

진 속 망　소 쇄 득 망 심 진 이 후　　진 심 현
盡屬妄 消殺得妄心盡而後에 眞心現이니라.

○ 풀이　　우쭐대고 잘난 체하는 것은 모두 객기에 지나지 않는다. 그 객기를 항복케 하여 물리친 후에야 올바른 기운이 펼쳐질 수 있다. 욕망과 타산적인 생각은 모두 헛된 마음에 속한다. 그것을 소멸시켜 사라지게 한 다음에야 참마음이 나타난다.

○ 주해　　긍고(矜高) : 우쭐대고 잘난 체함 • 거오(倨傲) : 거만함, 교만함, 오만함 • 객기(客氣) : 쓸데없는 혈기(血氣), 만용 • 정기(正氣) : 올바르고 떳떳하며 참다운 기운, 공명정대(公明正大)한 기운 • 정욕(情欲) : 욕망, 욕구, 욕심 • 의식(意識) : 이해타산하는 지혜 • 망심(妄心) : 헛된 마음, 허망한 생각. 망상(妄想) • 소쇄(消殺) : 지워 없어짐, 소멸하여 사라짐 • 진심(眞心) : 참마음, 도심(道心), 본심(本心).

🏵 일을 하기 전에 신중을 기해야 한다

포후　사미　　즉농담지경　도소
飽後에 思味하면 則濃淡之境이 都消하고

색후　사음　　즉남녀지견　진절고　　인상이사후지회오
色後에 思婬하면 則男女之見이 盡絶故로 人常以事後之悔悟로

파임사지치미　　즉성정이동무부정
破臨事之癡迷하면 則性定而動無不正이니라.

○ 풀이　　배부른 뒤에 음식 맛을 생각하면 곧 기름진 맛과 담백한 맛의 구별을 할 수 없고, 정사(情事)를 가진 후에 정욕을 생각하면 남녀의 구분이 없어진다. 그러므로 사람은 항상 일을 치른 후에 있게 될 뉘우침을 생각해 일에 임할 때의 어리석음과 혼돈을 없앤다면, 본성이 안정되어 행동을 그르치게 될 일이 없게 될 것이다.

○ 주해　　농담(濃淡) : 짙은맛과 옅은 맛, 기름진 맛과 담백한 맛 • 도소(都消) : 모두 사라짐, 다 없어짐 • 색후(色後) : 정사 후, 성관계 후에 • 음(婬) : 정욕, 성욕 • 남녀지견(男女之見) : 남녀간의 성(性)에 대한 의식 • 회오(悔悟) : 뉘우침, 후회, 잘못을 깨닫는 것 • 임사(臨事) : 일을 시작할 때, 일을 착수할 때 • 치미(癡迷) : 어리석음과 혼돈, 어리석음과 헤매임 • 성정(性定) : 타고난 올바른 성품(性品)이 바로 잡히는 것.

🪶 선비의 자세

거 헌 면 지 중　　　불 가 무 산 림 적 기 미
居軒冕之中이나 不可無山林的氣味하고

처 임 천 지 하　　수 요 회 랑 묘 지 경 륜
處林泉之下나 須要懷廊廟之經綸이니라.

○ 풀이　　선비는 높은 벼슬에 있을 때에도 자연을 벗 삼는 고상한 취미
가 없어서는 안 되며, 자연에 묻혀 이름 없는 처사의 생활을 할지라도
모름지기 정치의 포부를 지니고 있어야 한다.

○ 주해　　헌면(軒冕) : 헌(軒)은 대부(大夫:장관급)의 수레, 면(冕)은 대신(大臣)
의 관(冠), 즉 높은 벼슬아치 • 산림적기미(山林的氣味) : 자연을 벗삼는 고상
한 취미, 자연에 묻혀 사는 탈속(脫俗)한 멋 • 임천(林泉) : 시골, 초야(草野), 자
연 • 낭묘(廊廟) : 조정(朝廷), 낭(廊)은 대궐의 복도, 묘(廟)는 종묘(宗廟)를 뜻
함 • 경륜(經綸) : 국가를 통치하는 일, 정치에 대한 일가견.

원망을 사지 않으면 그것이 은덕이다

처세   불필요공
處世엔 不必邀功하라.

무과   변시공
無過면 便是功이니라.

여인   불구감덕
與人엔 不求感德하라.

무원   변시덕
無怨이면 便是德이니라.

○ 풀이   세상을 살아가는 데에는 꼭 성공만을 바라서는 안 된다. 과오가 없으면 그것이 바로 성공이다. 남에게 베풀 때에는 자신의 은덕에 감격할 것을 바라지 말라. 원망을 사지 않으면 그것이 바로 은덕이다.

○ 주해   처세(處世) : 세상을 살아가는 것 • 요공(邀功) : 공명(功名)을 억지로 바람, 성공을 억지로 요구함 • 무과(無過) : 잘못이 없는 것, 과오가 없는 것 • 여인(與人) : 남에게 은혜를 베푸는 것 • 감덕(感德) : 은덕에 감동하는 것 • 무원(無怨) : 원망이 없음, 원망을 사지 않음.

지나치면 모자람만 못하다

우근   시 미 덕
憂勤은 是美德이나

태 고 즉 무 이 적 성 이 정
太苦則無以適性怡情하고

담 박   시 고 풍
澹泊은 是高風이나

태 고 즉 무 이 제 인 이 물
太枯則無以濟人利物이니라.

○ 풀이   모든 일을 근심하고 삼가 성실하게 노력하는 것은 아름다운 덕성이긴 하지만 너무 지나치게 수고하면 본성에 맞추거나 마음을 즐겁게 할 수가 없다. 청렴결백한 것은 고상한 품격이지만, 너무 엄격하면 남을 건져 내거나 사물을 이롭게 할 수가 없다.

○ 주해   우근(憂勤) : 일을 근심하고 삼가 성실하게 노력하는 것 • 미덕(美德) : 아름다운 덕, 아름다운 덕성 • 태고(太苦) : 지나치게 수고하다 • 적성(適性) : 본연의 성정(性情)에 맞음, 타고난 성품에 맞음 • 이정(怡情) : 마음을 즐겁게 함, 심정을 편안하게 함 • 담박(澹泊) : 맑고 깨끗함, 소탈하고 담백함, 청렴결백함 • 고풍(高風) : 고상한 품격, 고상한 기풍, 높은 풍도(風度) • 태고(太枯) : 지나치게 메말라서 인간미가 없음 • 제인(濟人) : 어려운 사람을 구제함, 어려움에 처한 사람을 건져 냄 • 이물(利物) : 일이 잘되도록 하는 것, 사물을 이롭게 하는 것.

처음과 끝을 헤아려야 한다

사궁세축지인　당원기초심
事窮勢蹙之人은 當原其初心하고

공성행만지사　요관기말로
功成行滿之士는 要觀其末路니라.

○ 풀이　　일이 막히고 형세가 불리한 사람은 마땅히 그 처음의 마음을 생각해 보아야 하고, 공을 이루고 만족한 상태에 있는 사람은 마땅히 그 마지막을 살펴야 한다.

○ 주해　　사궁(事窮) : 일이 막히는 것 • 세축(勢蹙) : 형세가 위축됨 • 초심(初心) : 처음 일을 착수할 때의 마음 • 행만(行滿) : 일이 뜻대로 잘 풀리는 것 • 말로(末路) : 인생의 끝, 종말, 마지막.

항상 베풀고 너그럽게 대해야 한다

부귀가　의관후　　　이반기각
富貴家는 宜寬厚이어늘 而反忌刻이면

시　부귀이빈천기행의　여하능향
是는 富貴而貧賤其行矣니 如何能享이니라.

총명인　의렴장　　　이반현요
聰明人은 宜斂藏이어늘 而反炫耀하면

시　총명이우몽기병의　여하불패
是는 聰明而愚懵其病矣니 如何不敗리오.

○ 풀이　돈이 많은 집안은 마땅히 너그럽게 후해야 하는데 오히려 시샘을 하고 몰인정하다면, 부귀하면서도 빈천한 사람의 행위를 하는 것이니 이래서야 어찌 그것을 능히 지켜 나갈 수 있겠는가. 총명한 사람은 마땅히 자신의 재주를 여미고 감추어야 하는데 도리어 드러내어 자랑하기에 급급하다면, 이는 총명하면서도 어리석고 몽매한 병폐가 있는 것이니 어찌 실패하지 않을 수 있겠는가.

○ 주해　관후(寬厚) : 너그럽고 인정이 많음, 후(厚)는 두텁다는 뜻임 • 기각(忌刻) : 시샘을 내고 몰인정함, 시기하고 각박한 것 • 향(享) : 부귀와 복락을 누리는 것 • 염장(斂藏) : 거두어서 깊숙이 감추어 두는 것, 여미고 깊이 간직하는 것 • 현요(炫耀) : 찬란하게 빛나는 것, 눈부시게 번쩍거리는 것, 드러내어 보이며 으스대는 것, 자랑함 • 우몽(愚懵) : 어리석고 어두운 것, 어리석고 몽매한 것, 사리판단을 제대로 할 수 없는 것.

🏮 어두운 곳에 있어본 사람이 밝음을 안다

거비이후　　지등고지위위
居卑而後에 知登高之爲危하고

처회이후　　지향명지태로
處晦而後에 知向明之太露하며

수정이후　　지호동지과로
守靜而後에 知好動之過勞하고

양묵이후　　지다언지위조
養默而後에 知多言之爲躁니라.

○ 풀이　　낮은 곳에 있어 본 후에야 높은 데에 올라감이 위험한 일인 줄 알게 되고, 어두운 곳에 있어 본 후에야 밝음을 향함이 눈부신 줄 알게 된다. 조용한 생활을 해 본 후에야 활동을 좋아함이 번거롭다는 것을 알게 되며 침묵을 지키는 수양을 쌓은 후에야 말 많은 것이 시끄러운 것인 줄을 알게 된다.

○ 주해　　거비(居卑) : 낮은 곳에 있어 봄 • 처회(處晦) : 어두운 곳에 처해 봄 • 향명(向明) : 밝음을 향함 • 태로(太露) : 지나치게 드러남, 지나치게 노출되어 눈이 부심 • 수정(守靜) : 조용한 생활을 함 • 호동(好動) : 움직이기 좋아함, 활동하기 좋아함 • 과로(過勞) : 지나치게 수고로운 것, 지나치게 번거로운 것 • 양묵(養默) : 침묵을 지키는 수양을 쌓음 • 조(躁) : 시끄러움, 떠들썩함.

성인의 경지

방 득 공 명 부 귀 지 심 하   변 가 탈 범
放得功名富貴之心下라야 便可脫凡이요.

방 득 도 덕 인 의 지 심 하   재 가 입 성
放得道德仁義之心下라야 纔可入聖이니라.

○ 풀이   공명과 부귀에 대한 욕심을 버려야만 겨우 범속(凡俗)에서 벗
어날 수 있고, 도덕과 인의에 대한 집착에서 벗어나야 비로소 성인의 경
지에 이르게 되는 것이다.

○ 주해   방득하(放得下) : 털어 버리는 것, 놓아 버림, 벗어나는 것, 탈피함•
탈범(脫凡) : 세속의 때 묻은 마음에서 벗어나는 것 • 재(纔) : 비로소, 겨우,
곧 • 성(聖) : 성인(聖人)

독단적인 견해는 마음을 해친다

이 욕   미 진 해 심
利欲이   未盡害心이라

의 견   내 해 심 지 모 적
意見이   乃害心之蟊賊이며

성 색   미 필 장 도
聲色이   未必障道라

총 명   내 장 도 지 번 병
聰明이   乃障道之藩屛이니라.

○ 풀이   이권에 대한 욕망이 모두 마음을 해치는 것이 아니라, 독단적인 견해가 바로 마음을 해치는 벌레이다. 사랑에 대한 욕구가 반드시 도에 방해가 되는 것이 아니라 어설픈 총명이 도(道)를 가로막는 장벽이다.

○ 주해   이욕(利慾) : 이권에 대한 욕망 • 의견(意見) : 독단적인 견해, 아집 • 모적(蟊賊) : 해충, 벌레 • 성색(聲色) : 음악과 여색, 본문에서는 사랑에 대한 욕구를 뜻하고 있음 • 장도(障道) : 도를 가로 막음 • 번병(藩屛) : 울타리, 장해물, 장벽.

한 걸음 물러서는 방법도 알아야 한다

인 정　　반 복　　　세 로　　기 구
人情은 反復하고 世路는 崎嶇니라.

행 불 거 처　　　수 지 퇴 일 보 지 법
行不去處에는 須知退一步之法하고

행 득 거 처　　　무 가 양 삼 분 지 공
行得去處에는 務加讓三分之功이니라.

○ 풀이　　사람의 마음은 변하기 쉽고, 인생행로는 험하기만 하다. 가기 어려운 곳에서는 모름지기 한 걸음 물러서는 방법도 알아야 하며, 쉽게 갈 수 있는 길이라도 힘써 삼분(三分: 10분의 3)을 사양하는 공덕을 쌓아야 한다.

○ 주해　　인정(人情) : 사람의 마음 • 반복(反復) : 뒤집어지는 것, 자주 변하는 것, 변덕이 심함 • 세로(世路) : 인생행로(人生行路), 세상길, 사람이 이 세상을 살아가는 길 • 기구(崎嶇) : 험난한 산길, 험하고 어려운 세상살이 • 행불거처(行不去處) : 가기 힘든 험한 곳 • 행득거처(行得去處) : 쉽사리 갈 수 있는 곳, 가기에 어렵지 않은 곳 • 무가(務加) : 애써 보탬, 힘써 더함 • 삼분(三分) : 10분의 3, 삼할 • 공(功) : 공덕(功德).

🏮 미워하지 않음은 어려운 일이다

대 소 인　　　 불 난 어 엄　　　 이 난 어 불 오
待小人엔　不難於嚴이나　而難於不惡하고

대 군 자　　　 불 난 어 공　　　 이 나 어 유 례
待君子엔　不難於恭이나　而難於有禮니라.

○ 풀이　　소인을 대하는 데는 엄격하기가 어려운 일이 아니며, 미워하지 않기가 어려운 일이다. 군자를 대하는 데는 공경하기가 어려운 일이 아니며, 절도 있는 예절로 대하기가 어려운 일이다.

○ 주해　　소인(小人) : 학식과 수양이 부족하고 덕망이 없는 사람 • 불오(不惡) : 미워하지 않음, 오(惡)는 미워하다의 뜻임 • 유례(有禮) : 예의를 갖춤, 예절이 절도가 있음, 예절이 적절함.

청렴결백한 이름을 세상에 남겨야 한다

영 수 혼 악   이 출 총 명   유 사 정 기 환 천 지
寧守渾噩하고 而黜聰明하여 留些正氣還天地하여

영 사 분 화   이 감 담 박   유 개 청 명 재 건 곤
寧謝紛華하 而甘澹泊하여 遺個淸名在乾坤하라.

○풀이　　 차라리 순박함을 지키고 총명함을 물리침으로써 약간의 참다
운 기운을 남기어 천지에 되돌려 주도록 하라. 차라리 화사(華奢)함을
사양하고 맑고 깨끗함을 달게 여김으로써 하나의 청렴결백한 이름을
이 세상에 남기도록 하라.

○주해　　 혼악(渾噩) : 순박하고 꾸밈이 없음, 소박하고 정직함, 절박하고 곧
음 • 출(黜) : 물리치다, 쫓아내다 • 사(些) : 사소한, 약간의 • 정기(正氣) : 바른
기운 • 영(寧) : 차라리 • 사(謝) : 사양하다, 사절하다 • 분화(紛華) : 사치하고 호
화로움 • 청명(淸名) : 깨끗한 이름, 청렴결백한 이름 • 건곤(乾坤) : 천지, 온 누
리, 이 세상, 우주.

마음을 다스려야 한다

항 마 자　　 선 항 자 심　　　심 복 즉 군 마 퇴 청
降魔者는　先降自心하라　心伏則群魔退聽이니라.

어 횡 자　　 선 어 차 기　　　기 평 즉 외 횡 불 침
馭橫者는　先馭此氣하라　氣平則外橫不侵이니라.

○ 풀이　　마귀를 항복시키려는 사람은 우선 자신의 마음속의 마귀를 항복케 해야 한다. 자신의 마음을 제대로 다스리면 모든 잡귀는 스스로 물러나게 되는 것이다. 타인의 횡포를 누르려거든 먼저 자신의 방자한 객기를 눌러야 한다. 객기가 평정되면 바깥의 횡포는 결코 침범하지 못하는 것이다.

○ 주해　　항마(降魔) : 마귀를 항복케 함, 악마를 복종케 함 • 심복(心伏) : 마음을 항복케 함, 마음을 복종케 함 • 퇴청(退聽) : 물러남 • 어횡(馭橫) : 횡포를 누르고 제어하며 다스리는 것 • 차기(此氣) : 혈기(血氣), 객기(客氣) • 외횡(外橫) : 바깥으로부터 들어오는 횡포 • 불침(不侵) : 침입하지 못함, 침범하지 못함.

자녀는 엄하게 가르쳐야 한다

교 제 자   여 양 규 녀   최 요 엄 출 입   근 교 유
教弟子는 如養閨女하여 最要嚴出入하고 謹交遊하나니.

약 일 접 근 비 인   시   청 정 전 중
若一接近匪人이면 是는 淸淨田中에

하 일 부 정 종 자   변 종 신 난 식 가 화
下一不淨種子하여 便終身難植嘉禾니라.

○ 풀이   자녀를 교육함에는 규중처녀를 가르치듯 출입을 엄하게 하고 교유를 삼가도록 하여야 한다. 만일 한 번 사람같지 않은 사람과 접근하게 되면 이는 기름진 밭에 부정한 씨를 뿌림과 같아서 잡초만 우거져 평생 좋은 벼는 심기가 어려우니라.

○ 주해   제자(弟子) : 자녀, 자제, 젊은이 • 규녀(閨女) : 규중의 처녀 • 최요(最要) : 가장 긴요한 것, 가장 필요한 것 • 근(謹) : 삼가함 • 교유(交遊) : 벗과의 사귐 • 비인(匪人) : 나쁜 사람, 비(匪)는 비(非)의 뜻으로 쓰이고 있음 • 청정(淸淨) : 맑고 깨끗한 것 • 하(下) : 내리다, 뿌리다 • 부정종자(不淨種子) : 질이 나쁜 씨앗, 잡초의 종자 • 종신(終身) : 한평생 • 가화(嘉禾) : 좋은 벼, 질 좋은 곡식.

욕망에 젖어서는 안 된다

욕 로 상 사　　무 락 기 변　　　이 고 위 염 지
欲路上事는 毋樂其便하여 而姑爲染指하라

일 염 지　　변 심 입 만 인
一染指면 便深入萬仞이니라.

이 로 상 사　　무 탄 기 난　　　이 초 위 퇴 보
理路上事는 毋憚其難하여 而稍爲退步하라

일 퇴 보　　변 원 격 천 산
一退步면 便遠隔千山이니라.

○ 풀이　　욕망(정욕)은 쉽게 즐길 수 있을지라도 손끝에 물들이지 않도록 하라. 한 번 물들게 되면 이내 만길 절벽 아래로 추락하게 되는 것이다. 도리에 관한 일은 어려움이 있을지라도 결코 뒤로 물러서서는 안 된다. 일단 한 걸음 물러서게 되면 문득 천산의 거리만큼 멀어지게 되는 것이다.

○ 주해　　욕로상사(欲路上事) : 욕망, 정욕에 관한 일 • 변(便) : 용이함, 쉬움 • 고(姑) : 잠시 • 염지(染指) : 손가락에 물듦 • 만인(萬仞) : 깊은 절벽, 만 길 깊이의 낭떠러지 • 이로상사(理路上事) : 도리에 관한 일, 옳은 일에 관한 것 • 탄(憚) : 꺼리다 • 초(稍) : 조금, 점차 • 원격(遠隔) : 멀리 떨어짐 • 천산(千山) : 수많은 산.

군자는 항상 중용을 취해야 한다

염두농자   자대후   대인역후   처처개농
念頭濃者는 自待厚하고 待人亦厚하여 處處皆濃이요.

염두담자   자대박   대인역박   사사개담
念頭淡者는 自待薄하고 待人亦薄하여 事事皆淡이라.

고   군자   거상기호   불가태농염   역불가태고적
故로 君子는 居常嗜好에 不可太濃艶하며 亦不可太枯寂이니라.

○ 풀이   인정이 많은 사람은 자신에게도 후하고 남에게도 역시 후하여
가는 곳마다 모두 너그럽게 대하지만, 인정이 메마른 사람은 자신에게
도 박하고 남에게도 또한 박하여 하는 일마다 냉담하다. 그러므로 군자
는 일상생활의 즐기고 좋아함에 있어 너무 너그럽거나 후하게 해서는
안 되며, 지나치게 메마르거나 각박해서도 안 된다.

○ 주해   염두(念頭) : 마음, 생각 • 농(濃) : 짙음, 농후함, 너그러움, 인정이 많
음 • 담(淡) : 맑음, 얕고 각박함 • 박(薄) : 후하지 못함, 야박함 • 기호(嗜好) :
즐기고 좋아하는 것 • 농염(濃艶) : 짙고 고움, 인정이 많고 후함 • 고적(枯寂) :
메마르고 쓸쓸함, 각박하고 쌀쌀함, 인정머리가 없고 냉담함.

힘을 합하면 천명(天命)도 이길 수 있다

피부   아인   피작   아의
彼富면 我仁이요 彼爵이면 我義니

군자   고불위군상소뇌롱
君子는 固不爲君相所牢籠이니라.

인정   승천   지일   동기
人定이면 勝天하고 志一이면 動氣하나니

군자   역불수조물지도주
君子는 亦不受造物之陶鑄니라.

○ 풀이   상대가 부(富)를 내세우면 나는 인(仁)을 내세우고, 상대가 벼슬을 내세우면 나는 의(義)를 내세운다. 그러므로 군자는 본래 군주나 대신들에 농락당하는 일이 없다. 사람이 힘을 합하면 천명(天命)도 이길 수 있고, 뜻을 하나로 모으면 기도 변하게 할 수가 있다. 그러므로 군자는 또한 조물주의 틀에 얽매이지 않는다.

○ 주해   작(爵) : 벼슬, 관직 • 고(固) : 참으로, 진실로 • 군상(君相) : 군주와 재상 • 뇌롱(牢籠) : 감옥과 새장, 가두고 마음대로 농락함 • 인정승천(人定勝天) : 사람이 힘을 합하면 하늘(즉, 天命)도 이길 수 있다는 뜻으로 사기(史記)에 나오는 말임 • 지일동기(志一動氣) : 뜻을 하나로 모으면 기(氣)도 변화시킬 수 있다는 뜻으로 맹자에서 인용한 말임 • 도주(陶鑄) : 그릇을 만들 때 사용하는 틀로써 조물주가 만들어 놓은 인간의 운명, 성격, 소질, 기질 등을 상징함.

세상을 살아가는 이치

입신   불고 일보위   여진리   진의
立身에 不高一步位하면 如塵裡에 振衣하고

니중   탁족   여하초달
泥中에 濯足하니 如何超達이리요.

처세   불퇴일보처   여비아투등
處世에 不退一步處면 如飛蛾投燈하고

저양촉번   여하안락
羝羊觸藩이니 如何安樂이리요.

○ 풀이   몸을 세움에 있어 남보다 한 걸음 더 높이 세울 수 없다면 이는
마치 먼지 속에서 옷을 털고 흙탕물에 발을 씻는 것과 같으니 어찌 인
생을 달관할 수 있겠는가, 세상을 살아감에 있어 남보다 한 걸음 뒤로
물러설 줄 모른다면 이는 흡사 어리석은 불나방이 촛불에 날아들고 무
모한 양이 울타리를 들이받는 것과 같으니 어찌 생활의 안락함을 바랄
수 있겠는가.

○ 주해   입신(立身) : 자신의 인격을 확립함, 뜻을 세움(立志) · 진리진의(塵
裡振衣) : 먼지 속에서 옷을 털다, 보람도 효과도 없는 일을 한다는 뜻임 · 니
중(泥中) : 흙탕물 속 · 탁족(濯足) : 발을 씻음 · 초달(超達) : 초달(超達)과 달
관(達觀), 세속의 이해득실과 희로애락에 얽매이지 않음 · 비아(飛蛾) : 부나
비 · 저양촉번(羝羊觸藩) : 양이 울타리를 들이받는 것.

욕망에 사로잡혀서는 안 된다

인인 유개대자비 유마도회 무이심야
人人이 有個大慈悲하니 維摩屠劊가 無二心也요.

처처 유종진취미 금옥모첨 비양지야
處處에 有種眞趣味하니 金屋茅簷이 非兩地也니라.

지시욕폐정봉 당면착과 사지척천리의
只是欲蔽情封하여 當面錯過하면 使咫尺千里矣니라.

　사람마다 하나의 큰 자비심을 지니고 있으니 유마(유마거사, 維摩居士: 부처님과 같은 시대의 인도인으로 출가하지 않고 집안에서 보살도를 행한 거사)와 백정, 망나니가 두 마음이 아니며, 곳곳마다 모두 일종의 참된 멋이 있으니 고대광실(高臺廣室)과 초가집이 다른 것이 아니다. 단지 욕망에 덮이고 감정에 가려져서 눈앞에 한 번 과오를 범하면 지척의 거리를 천 리가 되게 하는 것이니라.

　인인(人人) : 사람마다 • 대자비(大慈悲) : 한없이 큰 사람, 자(慈)는 어버이가 자식을 돌보아 주는 것과 같은 그런 마음(慈愛)이며, 비(悲)는 남의 불행을 슬퍼하고 동정하는 마음을 말함 • 유마(維摩) : 유마거사(維摩居士), 부처님과 같은 시대의 인도인으로 출가하지 않고 집안에서 보살도(菩薩道)를 행한 거사(居士)임 • 도회(屠劊) : 도(屠)는 백정, 회(劊)는 죄인의 목을 베는 회자수(망나니) • 종(種) : 일종의 • 진취미(眞趣味) : 인생의 참다운 멋, 참다운 취미, 생활의 참맛 • 금옥(金屋) : 호화주택 • 모첨(茅簷) : 띠풀로 엮은 초가집 • 지(只) : 단지, 다만 • 폐(蔽) : 덮다, 가리다 • 당면(當面) : 목전의, 눈앞의 • 착과(錯過) : 착오와 과실, 그르침과 잘못, 실수와 허물 • 지척(咫尺) : 매우 가까운 거리 • 천리(千里) : 아주 먼 거리.

흔들리지 않는 마음을 지녀야 한다

진 덕 수 도　　요 개 목 식 적 염 두
進德修道에는　要個木石的念頭니

약 일 유 흔 선　　변 추 욕 경
若一有欣羨이면　便趨欲境이니라.

제 세 경 방　　요 단 운 수 적 취 미
濟世經邦에는　要段雲水的趣味니

약 일 유 탐 착　　변 타 위 기
若一有貪著이면　便墮危機니라.

○ 풀이　　덕을 기르고 도를 닦으려면 목석과 같이 흔들리지 않는 마음을 지녀야 한다. 만일 한 번 부귀를 부러워하는 마음이 생기게 되면 이내 욕망의 세계로 치닫게 되는 것이다. 세상을 구제하고 나라를 경영할 때는 모름지기 떠도는 구름이나 흐르는 물처럼 담담한 취미를 지녀야 한다. 만일 한 번이라도 지위에 집착하고 연연하는 마음을 지니게 되면 문득 위기에 떨어지게 되는 것이다.

○ 주해　　진덕(進德) : 덕을 기름 • 수도(修道) : 도를 닦음, 마음을 수양함 • 목석적염두(木石的念頭) : 목석처럼 굳은 마음 • 흔선(欣羨) : 부귀영화를 탐내고 부러워하는 것 • 추(趣) : 쫓아감, 달려감 • 욕경(欲境) : 탐욕의 경계 • 제세경방(濟世經邦) : 세상을 구제하고 나라를 경영함 • 단(段) : 일단, 약간, 조금 • 운수적취미(雲水的趣味) : 지나가는 구름이나 흐르는 물처럼 맑고도 담담한 취미 • 탐착(貪著) : 욕심과 집착, 탐내고 연연함.

착한 사람과 나쁜 사람

길인   무 론 작 용 안 상   즉 몽 매 신 혼   무 비 화 기
吉人은 無論作用安詳이요 則夢寐神魂도 無非和氣니라.

흉인   무 론 행 사 낭 려   즉 성 음 소 어   혼 시 살 기
凶人은 無論行事狼戾요 則聲音咲語도 渾是殺機니라.

○ 풀이   착한 사람은 평상시의 행동이 편안하고 상서로울 뿐만 아니라, 잠자는 동안의 정신까지도 부드러운 기운이 흘러넘친다. 악한 사람은 하는 일이 사납고 거칠 뿐만 아니라, 목소리나 웃음소리에도 살기를 띠고 있다.

○ 주해   길인(吉人) : 착한 사람 • 작용(作用) : 평상시의 행동 • 안상(安詳) : 편안하고 복됨, 안락하고 상서로움 • 몽매신혼(夢寐神魂) : 잠자는 동안의 마음과 정신 • 흉인(凶人) : 악인, 나쁜 사람 • 행사(行事) : 하는 일, 행위, 짓 • 낭려(狼戾) : 늑대처럼 사납고 거침 • 성음(聲音) : 목소리 • 소어(咲語) : 웃음 섞인 말, 소(咲)는 소(笑)와 동의어임 • 혼(渾) : 전부, 모두 • 살기(殺機) : 살벌한 기운, 죽이는 기운, 살기(殺機)로 흔히 표기함.

어두운 곳에서 죄를 짓지 말아야 한다

간 수 병 즉 목 불 능 시　　　신 수 병 즉 이 불 능 청
肝受病則目不能視하고　腎受病則耳不能聽하여

병 수 어 인 소 불 견　　　필 발 어 인 소 공 견
病受於人所不見이나　必發於人所共見이니라.

고　　군 자　욕 무 득 죄 어 소 소
故로　君子는　欲無得罪於昭昭이든

선 무 득 죄 어 명 명
先無得罪於冥冥이니라.

○ 풀이　　간에 병이 들면 눈이 보이지 않고, 콩팥에 병이 들면 귀가 들리지 않는다. 이와 같이 병은 남들이 볼 수 없는 곳에 생기지만 반드시 남들이 모두 볼 수 있는 곳에 드러난다. 그러므로 군자는 밝은 곳에서 죄를 얻지 않으려거든 먼저 어두운 곳에서 죄를 짓지 말아야 한다.

○ 주해　　수병(受病) : 병이 생기다, 병이 들다 • 신(腎) : 콩팥, 신장 • 인소불견(人所不見) : 남들이 볼 수 없는 곳 • 발(發) : 드러나다, 나타나다, 노출되다 • 소소(昭昭) : 환하게 밝은 곳 • 명명(冥冥) : 어두운 곳, 남의 눈에 띄지 않는 곳.

마음이 편안해야 한다

복 막 복 어 소 사　　화 막 화 어 다 심
福莫福於少事하고　禍莫禍於多心하나니

유 고 사 자　　방 지 소 사 지 위 복
唯苦事者라야　方知少事之爲福하고

유 평 심 자　　시 지 다 심 지 위 화
唯平心者라야　始知多心之爲禍이니라.

○ 풀이　　복은 일이 적은 것보다 더 큰 복이 없고, 화는 마음 쓸 일이 많은 것보다 더 큰 화가 없다. 오직 일에 얽매여 본 사람이라야 바야흐로 일 적음이 큰 복임을 알게 되고, 오직 마음이 편안한 사람이라야 비로소 마음 쓸 일이 많음이 큰 화임을 깨닫게 된다.

○ 주해　　막(莫)~어(於) : ~보다 더한 ~는 없다 • 소사(少事) : 일이 적음 • 다심(多心) : 마음을 많이 쓰는 것, 신경 쓸 일이 많음 • 고사자(苦事者) : 일에 시달려 본 사람, 번거로운 일에 얽매여 본 사람 • 방(方) : 바야흐로 • 평심(平心) : 마음이 평화롭고 안정됨.

세상을 사는 지혜

처 치 세　　　처난세　　　처 난 세　　　의 원
處治世에는 宜方하고 處亂世에는 宜圓하며

처 숙 계 지 세　　　당 방 원 병 용
處叔季之世에는 當方圓並用이라.

대 선 인　　　의 관　　　대 악 인　　　의 엄
待善人에는 宜寬하고 待惡人에는 宜嚴하며

대 용 중 지 인　　　당 관 엄 호 존
待庸衆之人에는 當寬嚴互存이니라.

○ 풀이　　태평한 세상에 살 때에는 당연히 행실을 바르게 하고, 어지러운 세상에 살 때에는 당연히 원만해야 하며, 치세도 난세도 아닌 평범한 세상에 살 때에는 당연히 바르고 원만한 행동을 동시에 갖추어야 한다. 착한 사람을 대할 때에는 마땅히 관대해야 하고, 악한 사람을 대할 때에는 마땅히 엄격해야 하며, 평범한 사람을 대할 때에는 마땅히 관대함과 엄격함을 함께 지녀야 하는 것이다.

○ 주해　　치세(治世) : 태평한 시대, 잘 다스려지는 시대 • 의(宜) : 마땅히, 당연히 • 방(方) : 옳고 바름, 행실이 방정함 • 난세(亂世) : 혼란한 시대, 어지러운 세상 • 원(圓) : 원만함 • 숙계지세(叔季之世) : 노나라의 삼환(삼환), 즉 맹손, 숙손, 계손이 집권했던 시대를 말함. 공자가 활동했던 춘추시대임. 치세도 난세도 아닌 평범한 시대의 뜻으로 기술하고 있음 • 용중지인(庸衆之人) : 보통 사람, 평범한 사람 • 호존(互存) : 함께 지니는 것.

은혜는 잊지 말아야 한다

아 유 공 어 인　　불 가 념
我有功於人은 不可念이나

이 과 즉 불 가 불 념
而過則不可不念이요.

인 유 은 어 아　　불 가 망
人有恩於我는 不可忘이나

이 원 즉 불 가 불 망
而怨則不可不忘이니라.

○ 풀이　　내가 다른 사람에게 베푼 공덕은 마음에 기억하지 말고, 다른 사람에게 잘못한 것은 기억해 두도록 하라. 그리고 다른 사람이 나에게 베푼 은혜는 잊지 말고, 다른 사람에게 원망이 있으면 잊어버리도록 하라.

○ 주해　　공(功) : 공덕 • 인(人) : 남, 다른 사람 • 과(過) : 허물, 잘못, 과오 • 불가불념(不可不念) : 잊지 않아야 함 • 은(恩) : 은혜 • 원(怨) : 원망, 원한 • 망(忘) : 잊다.

🐾 은혜 베푼 것을 생색내지 말아야 한다

시은자　내불현기　　외불현인
施恩者　内不見己하고 外不見人하면

즉두속　　가당만종지혜
則斗粟도 可當萬鍾之惠이니와.

이물자　계기지시　　책인지보
利物者　計己之施하고 責人之報하면

즉백일　　　난성일문지공
則百鎰이라도 難成一文之功이니라.

○ 풀이　　은혜를 베푸는 사람이 안으로 자신에게 생색을 내지 않고 밖으로도 남에게도 생색을 내지 않으면, 이는 비록 한 말의 곡식이라도 가히 만 섬의 혜택을 베푼 것이 될 것이다. 그러나 남에게 이로움을 주는 사람이 자기의 베풂을 계산하고 상대방이 갚기를 바란다면, 비록 천 냥의 큰 돈일지라도 한 푼어치의 공덕도 이루기 어려울 것이다.

○ 주해　　시은자(施恩者) : 남에게 은혜를 베푸는 사람 • 내불현기(內不見己) : 은혜 베푼 것을 마음속으로 생각하지 않음. 생색을 내지 않음, 현(見)은 드러나다, 나타나다, 보이다(顯也, 現也)로 쓰이고 있음 • 외불현인(外不見人) : 밖으로 남에게 은혜 베푼 것을 자랑하거나 생색을 내지 않음, 따라서 은혜 받는 사람이 부담감을 갖거나 열등감을 갖도록 하지 않음 • 두속(斗粟) : 한 말의 곡식, 소량의 곡식 • 만종(萬鍾) : 많은 양의 곡식, 일종(一種)은 여섯 섬 네 말 • 이물자(利物者) : 남에게 이로움을 주는 사람 • 계기지시(計己之施) : 남이 갚기를 바람 • 백일(百鎰) : 많은 돈, 거금, 일일(一鎰)은 스무 냥(二十兩).

남과 나를 비교해 스스로를 다스려야 한다

인지 제우   유제 유부제   이 능 사 기 독 제 호
人之際遇는 有齊有不齊어늘 而能使己獨齊乎아

기지 정리   유순 유불순   이 능 사 인 개 순 호
己之情理는 有順有不順이어늘 而能使人皆順乎아

이 차 상 관 대 치   역 시 일 방 편 법 문
以此相觀對治면 亦是一方便法門이니라.

○ 풀이　사람들의 처지를 살펴보면 행복의 조건을 갖춘 이도 있고, 갖추지 못한 이도 있는데 어찌 유독 나 혼자 그와 같은 것을 다 갖출 수 있겠는가. 자신의 마음가짐을 살펴보면 도리에 맞은 것도 있고 맞지 않는 것도 있는데 어찌 남들의 그것이 다 도리에 맞기만을 기대할 수 있겠는가. 이와 같이 남과 나를 비교해 보고 스스로를 다스려 나간다면 이것 또한 한 삶의 좋은 방편이 될 수 있을 것이다.

○ 주해　제우(際遇) : 여러 가지 사정, 갖가지 경우, 나름대로의 처지 • 제(齊) : 여러 가지 복(福)을 갖추는 것 • 이(而) : 그런데도 • 독제(獨齊) : 혼자 여러 가지 복을 다 소유하려고 함 • 정리(情理) : 마음가짐, 정신상태 • 순(順) : 도리에 따름, 이치에 맞음 • 상관대치(相觀對治) : 남과 나를 비교해 보며 균형 있게 스스로를 다스림 • 방편(方便) : 부처님의 교법(진리)을 받아들이지 못하는 어리석은 중생에게 그것을 깨우쳐 주기 위한 지혜로운 수단과 방법을 말함.

🪷 적에게 무기를 빌려주는 것

심지 건정   방가 독서 학고
心地乾淨이라야 方可讀書學古니라.

불연   견일 선행   절 이 제사
不然이면 見一善行에 竊以濟私하고

문일 선언   가 이 부단
聞一善言에 假以覆短하리니.

시우 자구 병   이 재 도 량 의
是又藉寇兵 而齎盜糧矣이니라.

○ 풀이   마음가짐을 깨끗이 하고 나서 비로소 책을 읽고 옛것을 배워야 할 것이다. 만약 그렇지 않으면 한 가지 착한 행실을 보아도 이것을 훔쳐서 사욕을 채울 것이고 한 마디 착한 말을 들어도 이것을 빌어 자기의 약점을 덮을 것이다. 이는 바로 적에게 무기를 빌려 주고 도둑에게 양식을 대어 주는 것과 같은 것이다.

○ 주해   심지(心地) : 마음가짐, 마음바탕, 마음씀씀이 • 건정(乾淨) : 깨끗함, 청정무욕 • 불연(不然) : 그렇지 않으면 • 제사(濟私) : 사리사욕을 채움 • 부단(覆短) : 약점을 덮음, 허물을 감춤, 덮을 부(覆)로 읽음 • 자구병(藉寇兵) : 적에게 무기를 빌려 줌, 병(兵)은 무기를 말함 • 재도량(齎盜糧) : 도둑에게 양식을 대어 줌.

여유로움을 지녀야 한다

사자　　부이부족　　　하여검자　　빈이유여
奢者는 富而不足이니 何如儉者의 貧而有餘리오.

능자　　노이부원　　　하여졸자　　일이전진
能者는 勞而府怨이니 何如拙者의 逸而全眞이리오.

○ 풀이　　사치스러운 사람은 넉넉한 생활에도 만족을 모르니, 어찌 검소
한 사람의 가난 속의 여유로움과 같을 수 있겠는가. 유능한 사람은 일은
일대로 하면서도 남의 원망을 불러들이니 어찌 서툰 사람이 유유하게
본성을 지키는 것과 같을 수 있겠는가.

○ 주해　　사자(奢者) : 사치스러운 생활에 빠져 있는 사람 • 하여(何如) : 어찌
~와 같으리오 • 검자(儉者) : 소박한 생활을 하며 낭비가 없는 사람 • 유여(有
餘) : 여유가 있는 것 • 능자(能者) : 일 처리를 잘하는 유능한 사람 • 부원(府
怨) : 원망을 사는 것, 원망을 모아들이는 것, 부(府)는 곳집, 즉 창고를 뜻함,
원망이 쌓이게 된다는 뜻임 • 졸자(拙者) : 일 처리가 서툰 사람 • 전진(全眞) :
본성을 지키는 것, 타고난 진실성을 간직하는 것.

덕을 심어야 한다

독서   불견성현   위연참용
讀書에 不見聖賢이면 爲鉛槧傭이요

거관   불애자민   위의관도
居官에 不愛子民이면 爲衣冠盜요,

강학   불상궁행   위구두선
講學에 不尙躬行이면 爲口頭禪이요

입업   불사종덕   위안전화
立業에 不思種德이면 爲眼前花이니라.

○ 풀이   책을 읽어도 성현을 보지 못한다면 그는 필생(책을 베끼는 사람)에 지나지 않고, 벼슬자리에 있으면서도 백성을 자식처럼 돌보지 못한다면 의관을 갖춘 도둑에 지나지 않는다. 학문을 가르치면서도 몸소 실천할 의지가 없다면 공염불이 될 것이고, 사업을 하면서도 덕을 심을 줄 모른다면 눈앞에 잠시 피었다 지는 꽃에 불과하다.

○ 주해   연참용(鉛槧傭) : 글씨를 베끼는 필생, 종이가 귀하던 옛날에는 나무판에 납으로 글씨를 썼음, 연(鉛)은 납필, 참(槧)은 나무판, 용(傭)은 인부, 노예, 고용인 • 자민(子民) : 백성 • 의관도(衣冠盜) : 의관을 걸친 도둑, 즉 부패한 관리 • 궁행(躬行) : 몸소 착실하게 실천하는 것 • 구두선(口頭禪) : 공염불, 입으로만 하는 참선 • 입업(立業) : 사업을 함, 사업을 일으킴 • 종덕(種德) : 은혜와 덕을 베풂. 은혜와 덕을 심음 • 안전화(眼前花) : 눈앞에 잠시 피었다 시드는 꽃.

참마음을 찾아야 한다

人心에 有一部眞文章이로되 都被殘編斷簡封錮了하며
인심 유 일 부 진 문 장 도 피 잔 편 단 간 봉 고 료

有一部眞鼓吹어늘, 都被妖歌艶舞湮沒了하나니
유 일 부 진 고 취 도 피 요 가 염 무 인 몰 료

學者는 須掃除外物하고 直見本來라야 纔有個眞受用이니라.
학 자 수 소 제 외 물 직 멱 본 래 재 유 개 진 수 용

○ 풀이 사람의 마음속에는 저마다 한 편의 참된 문장이 있으나 옛사
람들이 남겨놓은 단편적인 글 때문에 모두가 묻혀 있게 된다. 또한 사람
은 누구나 한 곡조의 참다운 노래를 지니고 있으나, 요사스러운 노래와
난잡한 춤 때문에 모두 없어지고 마는 것이다. 그러므로 학문을 하는 사
람은 마땅히 외부의 사물을 쓸어 없애고, 타고난 참마음을 찾아야만 비
로소 진정한 보람을 얻게 될 것이다.

○ 주해 진문장(眞文章) : 참된 문장, 참된 글 • 도(都) : 전부, 모두 • 잔편단간
(殘編斷簡) : 옛날 사람들이 남긴 단편적인 글 • 봉고(封錮) : 갇힘, 막힘 • 고취
(鼓吹) : 풍류, 노래 • 요가(妖歌) : 요사스러운 노래 • 염무(艶舞) : 요염한 춤,
난잡한 춤 • 외물(外物) : 바깥의 사물 • 멱본래(覓本來) : 타고난 본디 마음을
찾음 • 진수용(眞受用) : 자신이 지니고 있는 참문장과 음악을 되찾아 보람을
느끼는 것.

📖 결코 자만해서는 안 된다

고심중　　　상득열심지취　　　　득의시　변생실의지비
苦心中에 常得悅心之趣하고 得意時에 便生失意之悲니라.

○풀이　　괴로움 속에서도 언제나 마음을 즐겁게 하는 멋을 얻고, 만사가 마음먹은 대로 잘되어 나갈 때에 문득 뜻을 잃는 슬픔이 생기는 것이다.

○주해　　고심(苦心) : 일이 뜻대로 풀리지 않아 마음이 괴로운 것 • 열심지취(悅心之趣) : 마음을 즐겁게 하는 멋 • 득의(得意) : 만사가 마음먹은 대로 잘되어 나가는 것 • 변(便) : 문득 • 실의(失意) : 뜻을 잃는 것, 실망에 잠기는 것.

권력으로부터 얻은 부귀영화는 하루아침에 망한다

부귀명예의 自道德來者는 如山林中花하여 自是舒徐繁衍하고,

自功業來者는 如盆檻中花하여 便有遷徙廢興이니라.

若以權力得者는 如瓶鉢中花하여 其根不植이니

其萎를 可立而待矣니라.

○ 풀이   부귀와 명예가 도덕으로부터 온 것은 마치 산속에 핀 꽃처럼 저절로 무성하게 잘 자라고, 공훈으로부터 온 것은 마치 화분 속의 꽃처럼 문득 옮겨지기도 하며 시들거나 피어나기도 한다. 만약 권력으로부터 얻어진 것이면 마치 화병 속의 꽃처럼 뿌리를 심지 않았으므로 그 시들어가는 것을 그 자리에서 지켜볼 수도 있는 것이다.

○ 주해   자도덕(自道德) : 도덕으로부터, 정의롭게, 정당하게 • 산림중화(山林中花) : 숲속에 피는 꽃 • 자시(自是) : 스스로 ~하다, 저절로 ~하다 • 서서(舒徐) : 서서히 잘 자람 • 번연(繁衍) : 무성함, 번성해짐 • 공업(功業) : 업적, 공덕, 공훈 • 분함(盆檻) : 화분과 화단 • 천사(遷徙) : 이리저리 옮기거나 이사함 • 폐흥(廢興) : 망하거나 흥하는 것, 시들거나 피어나는 것 • 병발(瓶鉢) : 꽃병, 화병 • 기근불식(其根不植) : 그 뿌리가 심어져 있지 않음 • 위(萎) : 시들다 • 입이대(立而待) : 서서 기다리다, 오래 가지 못한다는 뜻임.

🏮 마땅히 좋은 일은 실천해야 한다

춘 지 시 화　　　화 상 포 일 단 호 색　　　조 차 전 기 구 호 음
春至時和하면 花尚鋪一段好色하고 鳥且囀幾句好音하나니.

사 군 자　　　행 렬 두 각　　　부 우 온 포　　　불 사 입 호 언 행 호 사
士君子가 幸列頭角하고 復遇溫飽하되 不思立好言行好事면

수 시 재 세 백 년　　　흡 사 미 생 일 일
雖是在世百年이라도 恰似未生一日이니라.

○ 풀이　　봄이 와서 시절이 따뜻해지면 꽃은 아름답게 피어나고 새 역
시 몇 곡조 고운 노래를 지저귄다. 다행히 선비가 두각을 나타내어 따뜻
하게 입고 배불리 먹으면서도 좋은 말과 좋은 일을 할 의사가 없다면,
이는 비록 이 세상 백 년을 살지라도 단 하루도 살지 않는 것과 같은 것
이다.

○ 주해　　시화(時和) : 시절이 온화함, 날씨가 화창함 • 포(鋪) : 갈다, 나타내
다, 펴내다 • 차(且) : 또한, 역시 • 전기구(囀幾句) : 몇 곡조 지저귐 • 호음(好
音) : 아름다운 노래, 고운 소리 • 사군자(士君子) : 선비 • 행(幸) : 다행히 • 열
두각(列頭角) : 두각을 나타내어 벼슬길에 들어섬 • 부(復) : 다시 • 온포(溫飽)
: 따뜻이 입고 배불리 먹음, 넉넉한 생활을 함 • 입호언(立好言) : 세상의 모범
이 될 좋은 말을 함 • 행호사(行好事) : 좋은 일을 실천함 • 흡사(恰似) : 마치 ~
와 같다, ~와 방불하다.

조심하되 작은 일에 구애받지 말아야 한다

학자 요유단긍업적심사 우요유단소쇄적취미
學者는 要有段兢業的心思하되 又要有段瀟灑的趣味니라.

약일미렴속청고 시 유추살무춘생 하이발육만물
若一味斂束清苦하면 是는 有秋殺無春生이니 何以發育萬物이리오.

○ 풀이 학문을 하는 사람은 일단 조심하는 마음을 지녀야 하되 또한 아울러 탁 트인 멋도 지녀야 할 것이다. 만약 외곬로만 단속하여 언제나 청렴결백하기만 한다면, 이는 가을의 싸늘한 기운만 있고 봄의 따뜻한 기운이 없는 것이니 어떻게 만물을 자라나게 할 수 있겠는가?

○ 주해 요유(要有) : ~를 가지는 것이 중요하다, ~을 지녀야 한다 • 긍업(兢業) : 조심하고 삼감, 일을 신중하게 처리하는 것 • 우(又) : 또한 • 소쇄(瀟灑) : 시원스럽고 탁트인 모습, 활달하여 작은 일에 구애받지 않음 • 일미(一味) : 오로지, 한결같이, 외곬으로 • 염속(斂束) : 거두어 졸라맴, 거두어 단속하는 것 • 청고(清苦) : 지나치게 청렴함, 지나치게 맑고 깨끗함 • 시(是) : 이는 • 추살(秋殺) : 가을의 싸늘한 기운, 초복을 시들게 하는 숙살(肅殺)한 기운 • 춘생(春生) : 봄의 생동하는 기운, 모든 생명을 다시 소생시키는 봄의 따뜻한 기운 • 하이(何以) : 어떻게 ~할 수 있겠는가? 무엇으로 ~하겠는가?

✿ 참다운 청렴은 이름이 없다

진렴　　무염명　　　입명자　　정소이위탐
眞廉은 無廉名이니 立名者는 正所以爲貪이요.

대교　　무교술　　　용술자　　내소이위졸
大巧는 無巧術이니 用術者는 乃所以爲拙이니라.

○ 풀이　　참다운 청렴은 청렴이라는 이름이 없다. 청렴하다는 이름을 드
러내는 것은 바로 탐욕이 있기 때문이다. 참으로 뛰어난 재주에는 교묘
한 술책이 없다. 교묘한 술책을 부리는 사람은 곧 그 재주가 서툴기 때문
이다.

○ 주해　　진렴(眞廉) : 참다운 청렴결백 • 염명(廉名) : 청렴결백하다는 이름이
드러나는 것 • 입명자(立名者) : 이름을 드러내는 사람 • 대교(大巧) : 뛰어난
재주, 탁월한 기교 • 교술(巧術) : 교묘한 술책 • 용술자(用術者) : 교묘한 술책
을 부리는 사람 • 졸(拙) : 졸렬하다, 서투르다.

🔖 가득차면 엎어지고 비어 있을 때 온전하다

기 기　　이 만 복　　　박 만　　이 공 전
敧器는 以滿覆하고 撲滿은 以空全이니라.

고　　군자　　영거무
故로 君子는 寧居無이언정

불거유　　　영처결　　　불처완
不居有하며 寧處缺이언정 不處完하니라.

○ 풀이　　기기(敧器)는 가득 차면 엎어지고 박만(撲滿)은 비어 있을 때 온전하다. 그러므로 군자는 차라리 무의 경지에 살지언정 유에 살지 않으며, 모자라는 곳에 있을지언정 가득 찬 곳에 있지는 않는다.

○ 주해　　기기(敧器) : 속이 비면 기울어지고 반 정도면 똑바로 서고, 가득 채우면 엎어지는 물그릇. 옛날 주나라 시대의 임금이 중용(中庸)의 지혜를 배우기 위해 좌우에 두었다고 함. 공자가어(孔子家語)의 유좌기(有座器)가 바로 이 그릇임 • 박만(撲滿) : 토기형(土器型) 저금통, 돈을 넣을 수는 있어도 꺼낼 수는 없으므로 가득 차면 깨뜨려야 하므로 비어 있을 때가 온전한 것이다.

🍵 객기를 다스려야 한다

명근미발자　　　종경천승감일표　　　총타진정
名根未拔者는 縱輕千乘甘一瓢라도 總墮塵情하고

객기미융자　　　수택사해리만세　　　종위잉기
客氣未融者는 雖澤四海利萬世라도 終爲剩技니라.

○ 풀이　　명예에 대한 집착을 뿌리 뽑지 못한 사람은 비록 임금의 지위
를 누리더라도 대수롭지 않게 여기고, 한 표주박의 음식을 맛있게 먹을
지라도 모두 세속의 정에 빠져 있는 것이요, 객기를 다스리지 못한 사람
은 비록 세상에 은택을 끼치고 만대에 이로움을 줄지라도 결국 쓸모없
는 재주에 그치게 될 것이니라.

○ 주해　　명근(名根) : 명예에 대한 미련을 버리지 못하는 마음 • 발(拔) : 뽑
다 • 종(縱) : 비록 • 경(輕) : 대수롭지 않게 여기다 • 천승(千乘) : 병거(兵車)
천 대를 거느린 제후의 지위, 천자는 만승(萬乘), 제후는 천승, 대부(장관급)는
백승(百乘)을 거느림 • 감일표(甘一瓢) : 한 표주박에 담긴 음식을 맛있게 먹
음, 즉 청빈한 생활 소게서도 즐거움을 잃지 않는다는 뜻임 • 총(總) : 모두, 전
부 • 진정(塵情) : 세속적인 욕망 • 객기(客氣) : 쓸데없는 용기, 기개 • 융(融) :
녹이다 • 택(澤) : 은혜, 혜택 • 사해(四海) : 천하, 세상 • 종(終) : 끝내, 결국, 마
침내 • 잉기(剩技) : 쓸모없는 재주.

🏮 마음이 밝아야 한다

심 체 광 명　　암 실 중　　유 청 천
心體光明하면 暗室中에도 有靑天하고

염 두 암 매　　백 일 하　　생 려 귀
念頭暗昧하면 白日下라도 生厲鬼니라.

○ 풀이　　마음의 본바탕이 밝으면 어두운 방구석에서도 푸른 하늘이 있
고, 마음속 생각이 어두우면 밝은 대낮에도 도깨비가 나타나리라.

○ 주해　　심체(心體) : 마음의 본바탕 • 광명(光明) : 밝고 빛남 • 암실(暗室) :
어두운 방 안 • 염두(念頭) : 생각, 마음속 • 암매(暗昧) : 사리에 어둡고 어리석
은 것 • 백일(白日) : 밝은 대낮 • 여귀(厲鬼) : 사나운 악마, 마귀, 도깨비.

참된 즐거움과 근심

인 지 명 위 위 락   부 지 무 명 무 위 지 락   위 최 진
人知名位爲樂하고 不知無名無位之樂이 爲最眞하며

인 지 기 한 위 우   부 지 부 기 불 한 지 우   위 갱 심
人知饑寒爲憂하고 不知不饑不寒之憂가 爲更甚하나니라.

○ 풀이   사람들은 명성과 지위가 즐거운 것인 줄은 알면서도, 명성도 없고 지위도 없는 것이 가장 참된 즐거움인 줄은 알지 못한다. 사람들은 굶주리고 추위에 떠는 것이 근심인 줄 알면서도, 굶주리지 않고 춥지도 않은 근심이 더욱 큰 근심인 줄은 깨닫지 못한다.

○ 주해   명위(名位) : 명예와 지위, 명성과 지위 • 무명무위지락(無名無位之樂) : 명성과 지위가 없는 즐거움 • 위최진(爲最眞) : 가장 참다운 즐거움이 되다 • 기한(饑寒) : 굶주리고 추위에 떰 • 갱심(更甚) : 더욱 큰 근심, 더욱 심한 근심.

선함 속에도 악의 뿌리가 있다

위 악 이 외 인 지 악 중 유 유 선 로
爲惡而畏人知는 惡中에 猶有善路요

위 선 이 급 인 지 선 처 즉 시 악 근
爲善而急人知는 善處即是惡根이니라.

○ 풀이   악을 행하면서도 남들이 알까 두려워하는 것은 그 악함 속에
서도 오히려 선한 마음이 있음이요, 선을 행하되 남들이 빨리 알아주기
를 바라는 것은 그 선함 속에도 곧 악의 뿌리가 있기 때문이다.

○ 주해   외인지(畏人知) : 남이 알까 두려워하다 • 유(猶) : 오히려 • 선로(善
路) : 선한 길, 선을 행할 수 있는 잠재력, 착한 일을 할 수 있는 마음 • 선처(善
處) : 착함이 있는 곳 • 악근(惡根) : 악의 근원, 악의 뿌리.

하늘의 기밀은 헤아릴 수가 없다

천 지 기 함　불 측　억 이 신　신 이 억
天地機緘은 不測하며 抑而伸하고 伸而抑하나니

개 시 파 롱 영 웅　전 도 호 걸 처
皆是播弄英雄하고 顚倒豪傑處라.

군 자　지 시 역 래 순 수　거 안 사 위
君子는 只是逆來順受하고 居安思危하여

천 역 무 소 용 기 기 량 의
天亦無所用其伎倆矣니라.

○풀이　하늘의 기밀은 헤아릴 수가 없으니, 눌렀다가는 펴고 폈다가는 다시 누르니 이것은 모두 영웅을 희롱하고 호걸을 넘어뜨리는 것이다. 그러나 군자는 천운이 거슬러 와도 순리로 받아들이며, 편안할 때에 위태로움을 생각하나니 하늘도 역시 그 재주를 부릴 수 없다.

○주해　기함(機緘) : 엿볼 수 없는 기밀, 비밀 • 불측(不測) : 헤아릴 수 없음 • 억(抑) : 억누름, 역경에 처하게 함 • 신(伸) : 펴나가게 함. 운이 풀리게 함 • 개(皆) : 전부, 모두, 다 • 파롱(播弄) : 희롱, 우롱, 번농함 • 전도(顚倒) : 뒤집어엎음, 넘어뜨림 • 지(只) : 다만, 단지 • 역래순수(逆來順受) : 천운이 거슬러와도 순리로 받아들임, 역경이 오더라도 묵묵하게 받아들임 • 거안사위(居安思危) : 편안할 때 대 위태로운 일을 생각함 • 기량(伎倆) : 재주, 수완.

행복을 누리기 어려운 사람들

조 성 자　　화 치　　　우 물 즉 분
燥性者는 火熾하여 遇物則焚하고

과 은 자　　빙 청　　　봉 물 필 살
寡恩者는 氷淸하여 逢物必殺하며,

응 체 고 집 자　　여 사 수 부 목　　생 기 이 절
凝滯固執者는 如死水腐木하여 生機已絶하니

구 난 건 공 업 이 연 복 지
俱難建功業而延福祉이니라.

○ 풀이　　성격이 조급한 사람은 타오르는 불꽃과 같아서 만나는 것마다
모두 태워 버리고, 은덕을 베푸는 일에 인색한 사람은 차가운 얼음과 같
아서 만나는 것마다 반드시 죽여 버리며, 마음이 꽉 막힌 고집스러운 사
람은 고인 물이나 썩은 나무와 같아서 산 기운은 이미 끊어져 있으니
이런 사람들은 모두 공훈을 쌓고 행복을 누리기가 어려운 것이다.

○ 주해　　조성자(燥性者) : 성격이 조급한 사람 • 화치(火熾) : 불처럼 타오름,
불꽃, 화염 • 과은자(寡恩者) : 은덕을 베푸는 일에 인색한 사람, 인색하고 박
정한 사람 • 빙청(氷淸) : 얼음처럼 차가운 것, 쌀쌀하고 냉정한 태도 • 응체
(凝滯) : 꽉 막히고 엉켜 있는 것 • 사수(死水) : 흐르지 못하고 고여 있는 물 ,
웅덩이에 담긴 죽은 물, 썩은 물 • 부목(腐木) : 죽어서 썩은 나무 • 생기(生機)
: 생생한 기운, 산기운, 생명력 • 이절(已絶) : 이미 끊겨져 버림, 벌써 단절
됨 • 연복지(延福祉) : 행복은 누림, 연(延)은 맞이하다, 늘려나가다, 연장(延
長)하다의 뜻임.

즐거운 마음으로 복을 불러들여야 한다

복 불 가 요　　양 희 신　　이 위 소 복 지 본 이 이
福不可徼니 養喜神하여 以爲召福之本而已요.

화 불 가 피　　거 살 기　　이 위 원 화 지 방 이 이
禍不可避니 去殺機하여 以爲遠禍之方而已니라.

○풀이　　복은 억지로 맞아들일 수 없는 것이니 즐거운 마음을 길러 복을 불러들이는 기틀로 삼아야 할 것이고, 재난은 마음대로 피하지 못하는 것이나 살기(殺機)를 없앰으로써 재난을 멀리 하는 방도로 삼아야 할 것이다.

○주해　　불가(不可) : ~하지 못하다, ~할 수 없다 • 요(徼) : 구하다, 맞아들이다, 요(邀)와 같은 뜻임 • 희신(喜神) 즐거운 마음, 기쁜 정신 • 이위(以爲) : ~로써 ~로 하다 • 소(召) : 부르다, 불러들이다 • 본(本) : 근본, 토대, 기틀 • 이이(而已) : ~할 따름이다, ~할 뿐이다 • 화(禍) : 재앙, 재난, 불행한 일 • 살기(殺機) : 남을 해치려는 살벌한 마음, 殺機=살기(殺氣) • 방(方) : 방법, 방책, 방도, 방안.

마음씨가 따뜻해야 한다

천 지 지 기　　난 칙 생　　　한 칙 살
天地之氣는 暖則生하고 寒則殺이라

고 성 기 청 랭 자　　수 향 역 량 박
故性氣清冷者는 受享亦凉薄하나니

유 화 기 열 심 지 인　　　기 복 역 후　　　기 택 역 장
唯和氣熱心之人이라야 其福亦厚하고 其澤亦長하니라.

○ 풀이　천지의 기운은 따뜻하면 만물을 소생케 하고, 차가우면 죽게
한다. 그러므로 성격과 기질이 차갑고 쌀쌀한 사람은 그 복의 누림 역시
박하다. 오직 기질이 화기애애하고 마음씨가 뜨거운 사람이라야 그 복
또한 두터우며 그 은덕 역시 오래 갈 것이다.

○ 주해　성기(性氣) : 성격과 기질 • 청랭자(清冷者) : 맑고 차가운 사람, 쌀쌀
하고 냉정한 사람 • 수향(受享) : 복을 받아 누리는 것, 수향(受享) = 향수(享
受) • 역(亦) : 또한, 역시 • 양박(凉薄) : 차갑고 얄팍한, 쌀쌀하고 엷은 • 유(唯) :
오직 • 기택(其澤) : 그 은덕, 그 은택, 그 덕택 • 장(長) : 오래 감, 장구(長久)함.

재주를 드러내지 말아야 한다

십 어 구 중　　　미 필 칭 기　　일 어 부 중　　　즉 건 우 병 집
十語九中이라도 未必稱奇나 一語不中이면 則愆尤騈集하고

십 모 구 성　　　미 필 귀 공　　일 모 불 성　　　즉 자 의 총 흥
十謀九成이라도 未必歸功이나 一謀不成이면 則訾議叢興하나니

군 자　　소 이 영 묵 무 조　　　영 졸 무 교
君子는 所以寧默毋躁요 寧拙毋巧이니라.

○ 풀이　　열 마디 말 가운데 아홉이 맞더라도 기이하다는 찬양은 없어
도, 한 마디 말만 맞지 않아도 나무라는 소리가 사방에서 들려오고, 열
가지 꾀하던 일 가운데에 아홉 가지를 이루어 내더라도 공적을 돌리지
않지만, 한 가지 일만 이루어 내지 못하면 헐뜯는 소리가 도처에서 일어
난다. 그러므로 군자는 차라리 침묵할지언정 떠들지 않고, 졸렬한 척할
지언정 재주를 드러내지 않는 것이다.

○ 주해　구중(九中) : 아홉 마디가 맞음 • 칭기(稱奇) : 기이하다고 찬양함 •
건우(愆尤) : 잘못을 탓함 • 병집(騈集) : 사방에서 모여드는 것 • 십모구성(十
謀九成) : 열 가지 꾀하던 일 가운데에 아홉 가지를 이루어 냄 • 미필(未必) : 반
드시 ~하지는 않다, 꼭 ~하는 것은 아니다 • 귀공(歸功) : 공적을 돌리다 • 불
성(不成) : 일을 이루어 내지 못하다, 실패하다 • 즉(則) : 곧 • 자의(訾議) : 비
방의 소리, 비난하고 헐뜯는 소리 • 총흥(叢興) : 여기저기에서 한꺼번에 일어
남 • 소이(所以) : ~하는 이유 • 영(寧) : 차라리 • 무조(毋躁) : 떠들지 않다, 무
(毋)는 금지사로 무(無) 통함 • 졸(拙) : 서툴다, 어리숙하다, 졸렬하다 • 교(巧)
: 재주, 솜씨, 재능, 무교(無巧)는 재주를 부리지 않다, 솜씨를 보이지 않다. 즉
자신의 재능을 감춘다는 뜻임.

🏮 하늘의 이치

천리노상   심관
天理路上은 甚寬하여

초유심   흉중   변각광대굉랑
稍游心이라도 胸中이 便覺廣大宏朗하고

인욕노상   심착
人欲路上은 甚窄하여

재기적   안전   구시형극니도
纔寄迹이라도 眼前이 俱是荊棘泥塗니라.

ㅇ 풀이   하늘의 이치(자연의 도리)에 이르는 길은 매우 넓어서, 조금이라
도 여기에 마음을 두면 가슴속이 탁 트이고 상쾌해짐을 느끼게 된다. 사
람의 욕망을 좇는 길은 매우 좁아서, 조금이라도 여기에 발을 붙이면 눈
앞이 모두 가시밭과 진흙탕으로 뒤덮이게 된다.

ㅇ 주해   천리(天理) : 하늘의 이법, 자연의 도리 • 심관(甚寬) : 매우 넓음, 대
단히 관대함, 매우 너그러움 • 초(稍) : 조금, 약간 • 유심(游心) : 마음을 씀, 뜻
을 거기에 둠 • 광대굉랑(廣大宏朗) : 넓고 탁 트여 상쾌하고 명랑함 • 인욕(人
欲) : 사람의 욕망 • 심착(甚窄) : 대단히 좁음 • 재(纔) : 겨우 • 기적(寄迹) : 발
을 들여놓은 것 • 형극(荊棘) : 가시덤불, 가시밭 • 니도(泥塗) : 진흙탕.

🏮 갈고 닦은 다음의 행복

일고 일락　상 마 련
一苦一樂을 相磨練하여

연 극 이 성 복 자　기 복　시 구
練極而成福者는 其福이 始久하고

일 의 일 신　상 참 감
一疑一信을 相參勘하여

감 극 이 성 지 자　기 지　시 진
勘極而成知者는 其知가 始眞하니라.

○ 풀이　괴로움과 즐거움을 서로 갈고 닦은 다음에 이룩한 행복, 이런 행복이 비로소 오래 간다. 의문과 믿음을 서로 대조하여 생각해 본 다음에 얻은 지식, 이런 지식이 비로소 참된 것이다.

○ 주해　마련(磨練) : 연마하다, 갈고 닦다 • 연극(練極) : 갈고 닦은 끝에, 연마한 후에 • 시구(始久) : 비로소 오래 가다 • 일의(一疑) : 하나의 의문, 의심, 회의 • 상참감(相參勘) : 서로 참작하여 결정함, 서로 대조하여 생각해 보는 것.

마음은 비어 있어야 한다

심 불 가 불 허   허 칙 의 리 래 거
心不可不虛니 虛則義理來居하고

심 불 가 불 실   실 칙 물 욕 불 입
心不可不實이니 實則物欲不入이니라.

○ 풀이   마음은 비어 있지 않으면 안 된다. 비어 있어야 의리가 와서 머물 수 있는 것이다. 마음은 차 있지 않으면 안 된다. 꽉 차 있어야 물욕이 들어오지 못한다.

○ 주해   불가불(不可不) : ~하지 않으면 안 된다 • 허(虛) : 마음을 비운 상태 • 의리(義理) : 올바른 도리, 정의와 진실 • 실(實) : 올바른 도리로 차 있음 • 물욕(物欲) : 바깥 사물에 대한 욕망(욕망), 욕(欲:하고자 함)은 욕(慾:욕심)과 통(通)함.

물이 너무 맑으면 고기가 살지 않는다

지 지 예 자　　다 생 물
地之穢者는 多生物하고

수 지 청 자　　상 무 어
水之淸者는 常無魚라.

고　　군 자　　당 존 함 구 납 오 지 량
故로 君子는 當存含垢納汚之量하고

불 가 지 호 결 독 행 지 조
不可持好潔獨行之操니라.

○ 풀이　　땅이 지저분하면 생물이 잘 자라지만 물이 너무 맑으면 언제나 고기가 살지 않는다. 그러므로 군자는 마땅히 때 묻고 더러운 것을 받아들이는 아량을 지녀야 하며, 깨끗한 것을 좋아하며 혼자만이 유별나게 행하려는 지조를 가져서는 안 된다.

○ 주해　　지지예자(地之穢者) : 거름이 많고 지저분한 땅, 예(穢)는 더럽다, 거칠다의 뜻 • 함구납오(含垢納汚) : 때 묻고 더러운 것을 받아들임 • 양(量) : 아량, 도량 • 지(持) : 지니다, 간직하다 • 조(操) : 절조, 지조.

분발하지 못한다면 평생 한 치의 발전도 없다

봉 가 지 마　　가 취 구 치　　약 야 지 금　　종 귀 형 범
泛駕之馬도 可就驅馳요 躍冶之金도 終歸型範이니

지 일 우 유 부 진　　　　변 종 신 무 개 진 보
只一優游不振이면 便終身無個進步라.

백 사 운　　　위 인 다 병 미 족 수
白沙云하되 爲人多病未足羞나

일 생 무 병 시 오 우　　　　진 확 론 야
一生無病是吾憂라 하니 眞確論也로다.

　　수레를 뒤엎는 사나운 말도 길들이면 부릴 수 있고 마구 튀는 쇳물도 끝내 그릇틀에 부어지게 된다. 언제나 결단력이 없어 분발하지 못한다면 평생 한 치의 발전도 없을 것이다. 백사가 이르기를 "사람이 병 많음이 부끄러운 것이 아니라 한평생 병이 없음이 나의 근심이다." 라고 했는데, 이는 참으로 옳은 말이다.

○ 주해　　봉가지마(泛駕之馬) : 수레를 뒤엎는 성미가 사나운 말 • 가취구치(可就驅馳) : 자유자재로 말을 몰다, 자유롭게 말을 부릴 수 있음 • 약야지금(躍冶之金) : 펄펄 끓여 틀에 부으면 마구 튀는 품질이 나쁜 쇳물 • 종귀형범(終歸型範) : 마침내 틀에 부어지게 되다. 형범(型範)은 틀을 뜻함 • 지일(只一) : 다만 한결같이, 언제나 한결같이 • 우유(優游) : 겁이 많고 결단력이 없어 우물쭈물함 • 부진(不振) : 떨치지 못함, 분발하지 않음 • 백사(白沙) : 명(明)의 선비 진헌장(1428~1499)의 호, 자(字)는 공보(公甫). 신희의 백사리(白沙里)에 거주, 서책에 의지했으나 얻어지는 것이 없자 정좌(靜坐)를 통해 사물의 이(理)를 체득함. 주자학과 선학(禪學)을 아울러 받아들여 독자적인 철학을 이룸 • 다병(白沙) : 육신의 병 • 미족(未足) : ~하기에 충분하지 못함 • 수(羞) : 부끄러움, 수치 • 무병(無病) : 정신적인 고뇌가 없음, 정신적으로 방황하거나 고민이 없음 • 진확론(眞確論) : 참으로 옳은 말.

탐욕을 멀리해야 한다

인 지 일 념 탐 사   변 소 강 위 유   색 지 위 혼
人只一念貪私하면 便銷剛爲柔하고 塞智爲昏하며

변 은 위 참   염 결 위 오   괴 료 일 생 인 품
變恩爲慘하고 染潔爲汚하며 壞了一生人品하나니

고   고 인   이 불 탐 위 보   소 이 도 월 일 세
故로 古人은 以不貪爲寶하니 所以度越一世니라.

○풀이　사람이 한번 사리사욕을 채우려는 마음을 품게 되면, 의연한 기상은 녹아 나약해지고, 슬기로움은 막혀 어리석게 되며 은혜로운 마음은 변하여 혹독해지고, 깨끗함은 물들어 더러워지니 평생의 인품을 허물어뜨리는 것이다. 그러므로 옛사람들은 탐욕을 멀리함을 보배로 삼았으니 이것이 바로 이 세상을 초월하는 방도이다.

○주해　지(只) : 다만, 오직 • 일념(一念) : 한 가지의 생각 • 탐사(貪私) : 사사로운 이익의 추구에 집착함, 사리를 탐함 • 소강(銷剛) : 굳센 기품을 녹임 • 위유(爲柔) : 나약해짐, 유약해짐 • 색지위혼(塞智爲昏) : 슬기가 막혀 어리석어짐 • 변은위참(變恩爲慘) : 은덕을 베풀던 마음이 변하여 가혹해짐 • 염결위오(染潔爲汚) : 깨끗한 마음이 더러움에 물듦 • 괴료(壞了) : 허물어지다, 파괴하다, 료(了)는 완료형 조동사 • 일생인품(一生人品) : 한평생의 품성, 인격 • 소이(所以) : 방법, 방도 • 도월(度越) : 뛰어넘다, 초월하다, 초극하다 • 일세(一世) : 한세상, 자신에게 주어진 한평생.

정욕과 의식은 안에 도사린 적이다

이목견문   위외적   정욕의식   위내적
耳目見聞은 爲外賊이요 情欲意識은 爲內賊이니.

지시주인옹   성성불매   독좌중당   적변화위가인의
只是主人翁이 惺惺不昧하여 獨坐中堂하면 賊便化爲家人矣니라.

○ 풀이   귀와 눈이 보고 들은 것은 밖에는 오는 적이요, 정욕과 의식은
안에 도사린 적이다. 다만 주인 되는 사람이 본디 마음이 맑게 개어 있
어 뚜렷이 안채에 홀로 자리 잡고 있으면, 적들도 문득 변하여 한집 식
구가 되는 것이다.

○ 주해   견문(見聞) : 보고 듣는 것 • 위(爲) : ~이 되다, ~이다 • 정욕(情欲) :
이성에 대한 육체적 욕망 • 의식(意識) : 마음의 작용, 사욕 • 주인옹(主人翁) :
주인 늙은이, 마음의 주인, 본심(本心)을 의인화한 말임 • 성성(惺惺) : 맑게 깨
어 있음 • 불매(不昧) : 어둡지 않음, 어리석지 않음, 사리판단에 대한 분별력
이 있음 • 중당(中堂) : 안채, 내당, 중심, 본문에서는 마음이 자리잡고 있는
곳 • 가인(家人) : 식구, 가족, 하인.

지나간 잘못을 거울로 삼아야 한다

도미취지공　　불여보이성지업
圖未就之功은 不如保已成之業이요.

회기왕지실　　불여방장래지비
悔既往之失은 不如防將來之非니라.

○ 풀이　　아직 이루지 못한 공을 도모하는 것은 이미 쌓아올린 공적을
잘 보전하는 것만 못하고, 이미 지나간 잘못을 뉘우치는 것은 장차 다가
올 과오를 미리 막는 것만 못한 것이다.

○ 주해　　도(圖) : 도모하다, 꾀하다, 기도(企圖)하다 • 미취(未就) : 착수하지
않은, 아직 이루지 못한 • 보(保) : 보전하다, 지키다 • 이성지업(已成之業) : 이
미 이룩한 일, 이미 쌓아올린 공적 • 회(悔) : 뉘우치다, 후회하다 • 기왕지실
(既往之失) : 이미 지나간 잘못 • 불여(不如) : ~함만 같지 못하다 • 방(防) : 대
비하다, 대처하다, 막아내다 • 장래지비(將來之非) : 장차 다가올 과오, 장차
저지를 수 있는 실수.

治우치지 말아야 한다

기 상   요 고 광   이 불 가 소 광
氣象은 要高曠이나 而不可疎狂하고

심 사   요 진 밀   이 불 가 쇄 설
心思는 要縝密이로되 而不可瑣屑하며

취 미   요 충 담   이 불 가 편 고
趣味는 要冲淡이나 而不可偏枯하고

조 수   요 엄 명   이 불 가 격 렬
操守는 要嚴明이로되 而不可激烈이니라.

○ 풀이   기상은 높고도 넓어야 하지만 허술하거나 거칠어서는 안 되며,
마음은 치밀해야 하지만 잘고 좀스러워서는 안 되고, 취미는 깨끗하고
맑아야 하지만 지나치게 치우치거나 메말라서는 안 되며, 지조를 지킴
에는 엄하고 공명정대해야 하지만 과격해서는 안 된다.

○ 주해   기상(氣象) : 타고난 기질, 선천적인 성정 • 고광(高曠) : 높고 넓음 •
소광(疎狂) : 엉성하고 거침, 세상물정에 어둡고 행동이 거침 • 진밀(縝密) : 마
음이 세심한 데까지 미치는 것, 치밀하여 빈틈이 없음 • 쇄설(瑣屑) : 작은 일
에 구애받음, 마음이 자질구레하고 좀스러운 것 • 충담(冲淡) : 텅 비고 담담
함, 담백하고 소탈함, 욕심이 없어 집착하지 않음 • 편고(偏枯) : 마음이 좁아
서 한쪽으로 치우치고 메마른 것 • 조수(操守) : 지조를 지킴 • 엄명(嚴明) : 엄
정하고 밝음 • 격렬(激烈) : 지나치게 격한 것.

일이 닥쳐야 비로소 마음이 나타난다

풍 래 소 죽   풍 과 이 죽 불 류 성
風來疎竹에 風過而竹不留聲하고

안 도 한 담   안 거 이 담 불 류 영
雁度寒潭에 雁去而潭不留影이니라.

고   군 자   사 래 이 심 시 현   사 거 이 심 수 공
故로 君子는 事來而心始現하고 事去而心隨空하나니라.

○ 풀이   바람이 성긴 대밭에 불어와도, 지나가고 나면 대밭은 그 소리
를 남기지 않고, 기러기가 찬 연못을 건너가도 가 버리고 나면 연못은
그 그림자를 남기지 않는다. 그러므로 군자는 일이 닥쳐야 비로소 마음
이 나타나고, 일이 지나고 나면 마음도 또한 비게 되는 것이다.

○ 주해   소죽(疎竹) : 드문드문 난 대밭, 성긴 대숲 • 불류성(不留聲) : 소리를
남기지 않음 • 도(度) : 지나가다, 건너가다, 도(度)=도(渡) • 한담(寒潭) : 찬 연
못, 늦가을의 쓸쓸한 정취가 담겨 있음 • 불류영(不留影) : 그림자를 남기지 않
음 • 사래(事來) : 일이 생기면 • 심시현(心始現) : 마음에 비로소 나타남 • 사
거(事去) : 일이 끝나고 나면 • 심수공(心隨空) : 마음도 따라서 비게 됨.

아름다운 덕

청 능 유 용　　인 능 선 단　　명 불 상 찰
淸能有容하고 仁能善斷하며 明不傷察하고

직 불 과 교　　시 위 밀 전 불 첨　　해 미 불 함
直不過矯하면 是謂蜜餞不餂이요 海味不鹹이니

재 시 의 덕
纔是懿德이니라.

○ 풀이　　청렴하면서도 포용력이 있고, 어질면서도 결단력이 있으며, 총
명하면서도 남의 과오를 지나치게 들추어 내지 않고, 곧으면서도 너무
바른 데 치우치지 않는다면, 이는 마치 꿀 바른 음식이 달지 않고 해산
물이면서도 짜지 않음이니 그야말로 아름다운 덕이다.

○ 주해　　청(淸) : 청렴결백 • 유용(有容) : 너그럽게 받아들임, 포용력이 있
음 • 선단(善斷) : 결단을 잘함, 결단력이 있음 • 상찰(傷察) : 지나치게 남의 과
오를 살핌 • 직(直) : 곧고 올바름 • 과교(過矯) : 지나치게 바른 데 치우치는
것 • 밀전(蜜餞) : 꿀을 넣은 음식 • 첨(餂) : 단맛 • 해미(海味) : 해산물, 해산물
의 맛 • 불함(不鹹) : 맛이 짜지 않음, 함(鹹: 짜다) • 재(纔) : 겨우 • 의덕(懿德) :
아름다운 덕, 훌륭한 덕.

🏵 스스로를 포기해서는 안 된다

빈가　　정불지　　　빈녀　　　정소두
貧家도 淨拂地하고 貧女도 淨梳頭히면

경색　　수불염려　　기도　　자시풍아
景色은 雖不艶麗나 氣度는 自是風雅니

사군자　　일당궁수요락　　　　내하첩자폐이재
士君子가 一當窮愁寥落이언정 奈何輒自廢弛裁리오.

○ 풀이　　가난한 집안도 청결하게 쓸고, 가난한 집 여인도 단정하게 머리를 빗으면 모습이 예쁘고 비록 아름답지는 못하더라도 기품과 멋이 저절로 배어나리라. 선비가 한때 곤궁함과 적막함을 당했다고 해서 어찌 스스로를 포기할 수 있겠는가.

○ 주해　　불지(拂地) : 땅을 쓰는 것, 청소함 • 빈녀(貧女) : 가난한 여인 • 소두 (梳頭) : 머리를 빗다, 소(梳)는 머리빗 • 경색(景色) : 풍경, 경치, 모양, 모습 • 수불(雖不) : 비록 ~하지는 못할지라도 • 염려(艶麗) : 예쁘고 화려함, 아름답고 화려함 • 기도(氣度) : 풍도, 기품 • 풍아(風雅) : 멋, 아취, 풍류 • 궁수(窮愁) : 궁색하고 슬픈 것, 곤궁하여 시름에 잠김 • 요락(寥落) : 영락하여 쓸쓸하게 지냄, 몰락하여 적막함 • 내하(奈何) : 어찌 ~할 수 있겠는가 • 첩(輒) : 곧, 문득 • 폐이(廢弛) : 스스로를 포기함, 선비의 본분을 져버림.

시간을 낭비해서는 안 된다

한중　　불방과　　망처　　유수용　　　정중　　불락공
閑中에 不放過면 忙處에 有受用하고 靜中에 不落空이면

동처　　유수용　　　암중　　불기은　　　명처　　유수용
動處에 有受用하며 暗中에 不欺恩이면 明處에 有受用하나니라.

○ 풀이　　한가할 때에 시간을 낭비하지 않으면 급할 때 도움이 되고, 고요할 때에 공상에 빠지지 않으면 활동할 때 쓸모가 있게 되며, 어둠 속에서 속이거나 감추는 일이 없으면 밝은 곳에서 신임을 얻게 된다.

○ 주해　　한중(閑中) : 시간 여유가 있을 때, 한가한 때 • 방과(放過) : 헛되이 보내는 것, 아무런 대책없이 시간을 낭비함 • 망처(忙處) : 바쁠 때에, 급할 때에 • 수용(受用) : 쓸모, 받아서 씀 • 정중(靜中) : 고요할 때에 • 낙공(落空) : 마음이 공허한 데로 빠짐 • 동처(動處) : 활동할 때에 • 기은(欺恩) : 속이고 숨김, 기만하고 은닉함.

이성의 길로 이끌어야 한다

염 두 기 처　　재 각 향 욕 로 상 거　　변 만 종 이 노 상 래
念頭起處에 纔覺向欲路上去면 便挽從理路上來하라.

일 기 변 각　　　일 각 변 전　　차 시 전 화 위 복
一起便覺하고 一覺便轉이니 此是轉禍爲福하며

기 사 회 생 적 관 두　　절 막 경 이 방 과
起死回生的關頭니 切莫輕易放過니라.

○ 풀이　생각이 일어날 때에 조금이라도 욕망의 길로 달려감을 깨닫게 되면 곧 이성의 길로 따라오게 이끌어야 한다. 생각이 일어나자마자 깨닫고, 깨닫자마자 돌려야 할 것이니, 이것이 바로 재앙을 복으로 돌리고 죽음에서 일어나 삶으로 되돌아오게 하는 관문이다. 진실로 가볍게 대할 일이 아니다.

○ 주해　염두(念頭) : 마음, 생각, 사념(思念) • 재(纔) : 문득 • 욕로(欲路) : 욕구충족의 길 • 만(挽) : 이끌다, 당기다 • 이로(理路) : 도리에 맞는 올바른 길 • 변(便) : 곧, 문득 • 차시(此是) : 이것이 ~이다 • 전화위복(轉禍爲福) : 재앙이 변하여 복이 됨 • 기사회생(起死回生) : 죽음의 길에서 벗어나 삶으로 되돌아옴 • 적(的) : ~의(접속사) • 관두(關頭) : 관건, 열쇠. 관문 • 절막(切莫) : 참으로 ~해서는 안 된다. 진실로 ~할 일이 아니다 • 경이(輕易) : 가볍게 봄, 쉽게 생각함 • 방과(放過) : 방심한 채 지나쳐 버림.

道를 증험하는 세 가지

정 중　　염 려 징 철　　견 심 지 진 체
靜中에 念慮澄徹이면 見心之眞體하고

한 중　　기 상 종 용　　식 심 지 진 기
閑中에 氣象從容이면 識心之眞機하며

담 중　　의 취 충 이　　득 심 지 진 미
淡中에 意趣冲夷면 得心之眞味하니

관 심 증 도　　무 여 차 삼 자
觀心證道는 無如此三者니라.

○ 풀이　　고요한 가운데 생각이 맑고 깨끗하면 마음의 본바탕을 볼 것
이요, 한가한 가운데 기상이 조용하면 마음의 미묘한 움직임을 알게 될
것이며, 담담한 가운데 취미가 깨끗하고 안정되어 있으면 마음의 참맛
을 얻게 될 것이니, 마음을 살펴보고 도를 증험하는 데에 이 세 가지만
한 것이 없다.

○ 주해　　염려(念慮) : 생각, 사념(思念) • 징철(澄徹) : 맑고 깨끗하여 밑바닥
까지 환히 들여다보임 • 진체(眞體) : 참된 모습, 본체, 본바탕 • 기상(氣象) :
기운의 모습, 기운의 형상 • 종용(從容) : 조용함 • 식(識) : 알다, 인식하다, 인
지하다 • 진기(眞機) : 참된 기미, 참된 활동, 미묘한 움직임 • 담중(淡中) : 담
담한 가운데, 담박한 가운데 • 의취(意趣) : 취미 • 충이(冲夷) : 깨끗하고 안정
됨, 깨끗하고 편안함 • 진미(眞味) : 참된 맛, 진짜 맛 • 관심(觀心) : 자신의 마
음을 살펴봄. 자기 스스로를 관찰하고 반성함 • 증도(證道) : 도를 증험함, 진
리를 몸소 체험하는 것.

🀄 타고난 성품의 경지

정 중 정　　비 진 정　　　동 처　　정 득 래　　　재 시 성 천 지 진 경
靜中靜은　非眞靜이니　動處에　靜得來라야　纔是性天之眞境이며

낙 처 락　　비 진 락　　　고 중　　락 득 래　　　재 견 심 체 지 진 기
樂處樂은　非眞樂이니　苦中에　樂得來라야　纔見心體之眞機니라.

○ 풀이　　고요함 속의 고요함은 참다운 고요함이 아니니, 분주함 속에서 고요함을 얻을 수 있어야만 비로소 타고난 성품의 진정한 경지에 이르게 될 것이다. 즐거운 속에서의 즐거움은 참된 즐거움이 아니니, 괴로움 속에서 즐거움을 얻을 수 있어야만 비로소 마음의 진정한 움직임을 볼 수 있는 것이다.

○ 주해　　동처(動處) : 바쁜 곳, 분주한 곳 • 재시(纔是) : 곧~이다 • 성천(性天) : 선천적인 성품, 본성, 천성 • 진경(眞境) : 참된 경지 • 고중(苦中) : 괴로움 속에서 • 심체(心體) : 마음의 본바탕 • 진기(眞機) : 참다운 기틀, 참된 기미, 참다운 움직임.

의혹을 품어서는 안 된다

사기   무 처 기 의   처 기 의   즉 소 사 지 지 다 괴 의
舍己어든 毋處其疑하라. 處其疑면 卽所舍之志多愧矣니라.

시 인   무 책 기 보   책 기 보   병 소 시 지 심 구 비 의
施人커든 毋責其報하라. 責其報면 倂所施之心倶非矣니라.

○ 풀이   자기를 버리기로 하였으면 그 일에 의혹을 품어서는 안 된다. 의혹을 품게 되면 버린 마음에 부끄러움이 많을 것이다. 남에게 은덕을 베풀었거든 갚아주기를 바라서는 안 된다. 갚아주기를 바라게 되면 은덕을 베푼 마음까지 아울러 그르치게 될 것이다.

○ 주해   사기(舍己) : 자기의 몸을 버림, 스스로 희생하는 것, 사(舍)는 사(捨)의 뜻으로 쓰이고 있음 • 무처기의(毋處其疑) : 그것에 의심을 품지 말라 • 즉(卽) : 곧 • 소사지지(所舍之志) : 버리기로 한 그 뜻, 희생키로 한 그 마음 • 다괴(多愧) : 부끄러움이 많음 • 시인(施人) : 남에게 은덕을 베풂 • 책기보(責其報) : 보답하기를 따짐, 갚아 주기를 바람 • 소시지심(所施之心) : 은덕을 베푼 그 마음 • 비(非) : 그르침, 잘못됨.

🐚 하늘인들 어찌할 수 없다

오　　일오심이보지　　　천　　액아이우
吾는 逸吾心以補之하며 天이 阨我以遇어든

오　　형오도이통지　　천차아　　내하재
吾는 亨吾道以通之면 天且我에 奈何哉리오.

천　　박아이복
天이 薄我以福이어든

오　　후오덕이아지　　　천　　노아이형
吾는 厚吾德以迓之하고 天이 勞我以形이어든

○ 풀이　　하늘이 내게 복을 박하게 준다면 나는 내 덕을 두터이 하여 이
를 맞을 것이고, 하늘이 내 몸을 괴롭힌다면 나는 내 마음을 안정케 하
여 이를 도울 것이며, 하늘이 내 처지를 궁색하게 한다면 나는 내 도를
깨우쳐 이를 형통케 할 것이니, 하늘인들 나를 어찌할 수 있겠는가.

○ 주해　　보지(補之) : 이를 도움, 그것을 보충함, 지(之)는 대명사임 • 액아이
우(阨我以遇) : 내 처지를 궁색하게 함, 내 입장을 곤란하게 함 • 형(亨) : 형통
하다, 뜻대로 되다 • 천차아(天且我) : 하늘인들 나를 ~, 하늘조차 나를~, 차
(且)는 또 차 • 내하(奈何) : 어찌 ~할 수 있겠는가 • 박아이복(薄我以福) : 나에
게 복을 박하게 주다, 나에게 복을 적게 내림, 박(薄)은 얇은 박 • 아지(迓之) :
이를 맞이함 • 노아이형(勞我以形) : 내 몸을 수고롭게 함, 내 육신을 괴로힘.

🍵 하늘 권세의 신령함

정사　　무심요복　　천즉취무심처　　유기충
貞士는 無心徼福이라 天卽就無心處하여 牖其衷하고

험인　　착의피화　　천즉취저의중
憸人은 著意避禍라 天卽就著意中하여

탈기백　　　가견천지기권　　최신　　인지지교　　하익
奪其魄하나니 可見天之機權이 最神이니 人之智巧가 何益이리오.

○ 풀이　　곧은 선비는 복을 구하려는 마음이 없으므로 하늘이 그 무심한 곳으로 찾아가 속마음을 열어 주고, 음흉한 사람은 화를 피하려고 애쓰지만 하늘은 그 애쓰는 마음에 화를 내려 그 넋을 빼앗고야 만다. 그러니 하늘 권세의 신령함을 가히 볼 수 있도다. 사람의 슬기와 잔재주가 무슨 소용이 있으리오.

○ 주해　　정사(貞士) : 자조 있는 선비, 절의를 숭상하는 선비 • 요복(徼福) : 복을 구하다 • 즉취(卽就) : 나아감 • 무심처(無心處) : 복을 구하는 마음이 없음, 담박하여 복을 구하는 욕심이 없음 • 유기충(牖其衷) : 속마음을 열어 줌, 유(牖)는 창문 열다의 뜻임. 충(衷)은 본심 • 험인(憸人) : 음흉한 사람, 간사한 사람 • 착의(著意) : 뜻을 두는 것, 마음을 씀, 급급함 • 탈기백(奪其魄) : 그 넋을 빼앗음 • 기권(機權) : 작용과 권세 • 최신(最神) : 가상 신묘함 • 지교(智巧) : 지혜와 기교, 슬기와 잔꾀.

사람을 보려거든 후반을 보라

성기   만경종량   일세지연화무애
聲妓도 晚景從良하면 一世之臙花無碍요

정부   백두실수   반생지청고구비
貞婦도 白頭失守하면 半生之清苦俱非니라.

어   운   간인지간후반절   진명언야
語에 云하되 看人只看後半截하라 하니 眞名言也로다.

○ 풀이   기녀일지라도 늘그막에 한 남편을 섬긴다면 한평생의 분 냄새
가 허물이 되지 않을 것이요, 정숙한 부인일지라도 머리가 하얗게 센 뒤
에 정조를 잃는다면 반평생의 절개가 모두 헛된 일이 될 것이다. 속담에
이르기에 '사람을 보려거든 다만 그 후반을 보라.'고 했는데 이는 진실
로 명언이다.

○ 주해   성기(聲妓) ; 기생, 기녀 • 만경(晚景) : 늘그막, 만년, 말년 • 종량(從
良) : 지아비를 따르고 섬김, 양(良)은 양인(良人), 즉 남편을 뜻함 • 일세(一世)
: 한평생 • 연화(臙花) : 백분(白粉), 화류계에 몸을 담고 있음 • 무애(無碍) : 허
물이 되지 않음, 거리낄 것이 없음 • 정부(貞婦) : 수절하는 여인 • 백두(貞婦) :
머리털이 희어짐, 늘그막 • 실수(失守) : 절개를 지키지 못함 • 반생(半生) : 반
평생 • 청고(清苦) : 절개를 지키며 고생함 • 어운(語云) : 옛말에 이르기를~,
속담에서 말하기를 • 후반절(後半截) : 후반생.

덕을 쌓고 은혜를 베풀어야 한다

평민도 궁종덕시혜하면 변시무위적공상이요.
平民도 肯種德施惠하면 便是無位的公相이요.

사부도 도탐권시총하면 경성유작적걸인이니라.
士夫도 徒貪權市寵하면 竟成有爵的乞人이니라.

○ 풀이　평민이라도 즐거운 마음으로 덕을 쌓고 은혜를 베풀면 곧 지위 없는 정승이요, 사대부라고 공연히 권세를 탐내고 총애를 팔면 끝내 벼슬하는 거지가 될 뿐이다.

○ 주해　궁(肯) : 기꺼이, 즐겁게 • 종덕(種德) ; 덕을 심다, 덕을 쌓다 • 변(便) : 곧 • 공상(公相) : 삼공(三公)과 재상 • 사부(士夫) : 사(士:선비, 즉 지식인)와 대부(大夫:장관급) • 도(徒) : 한갓, 헛되이, 공연히 • 시총(市寵) : 총애를 파고 사는 것(매관매직, 이권개입 등의 부정 행위를 말함) • 경(竟) : 마침내 • 유작적걸인(有爵的乞人) : 벼슬하는 거지.

조상의 은덕과 자손의 복지

문 조 종 지 덕 택　　　 오 신 소 향 자　　 시　　 당 염 기 적 루 지 난
問祖宗之德澤하면 吾身所享者가 是니 當念其積累之難하고

문 자 손 지 복 지　　　 오 신 소 이 자　　 시　　 요 사 기 경 복 지 이
問子孫之福祉면 吾身所貽者가 是니 要思其傾覆之易니라.

○ 풀이　 조상의 은덕을 묻는다면 내 몸이 누리고 있는 바가 그것이니, 마땅히 그 쌓기 어려움을 명심해야 한다. 자손의 복지를 묻는다면 내 몸이 끼쳐 주는 바가 그것이니, 요컨대 그 기울고 넘어짐이 쉬움을 생각해야 한다.

○ 주해　 조종(祖宗) : 조상, 선조 • 소향자(所享者) : 누리고 있는 것 • 적루지난(積累之難) : 쌓아올리는 것의 어려움 • 복지(福祉) : 행복 • 소이자(所貽者) : 자손에게 물려주는 것 • 경복(傾覆) : 기울고 넘어지는 것 • 이(易) : 쉬움, 용이함.

군자의 위선과 절개

군 자 이 사 선　　무 이 소 인 지 사 악
君子而詐善은　無異小人之肆惡이요

군 자 이 개 절　　불 급 소 인 지 자 신
君子而改節은　不及小人之自新이니라.

○ 풀이　　군자가 위선을 행하는 것은 소인이 악을 거리낌 없이 행함과
다름이 없고, 군자가 절개를 바꾸는 것은 소인이 스스로 새롭게 되는 것
만 못하다.

○ 주해　　사선(詐善) : 착한 척하며 속이는 것 • 무이(無異) : 다를 것이 없음,
동일함 • 사악(肆惡) : 거리낌없이 악을 행하는 것 • 개절(改節) : 변절행위, 훼
절함, 절개를 읽음 • 자신(自新) : 과오를 뉘우치고 스스로 새사람이 됨.

가정의 규범

가인유과　　　불의폭노　　　불의경기
家人有過어든 不宜暴怒하고 不宜輕棄니라.

차사난언　　　차타사은풍지　　　금일불오
此事難言이어든 借他事隱諷之하여 今日不悟어든

사내일재경지　　　여춘풍해동
俟來日再警之하되 如春風解凍하고

여화기소빙　　　재시가정적형범
如和氣消氷하면 纔是家庭的型範이니라.

○ 풀이　　집안 식구에게 잘못이 있거든 너무 거칠게 화를 내어서는 안
되며 가벼이 내버려 두어서도 안 된다. 그 일을 바로 말하기 곤란하면
다른 일을 비유하여 은근히 일깨워 주어야 하며, 오늘 깨닫지 못하거든
내일을 기다려 다시 깨우쳐 주어서 마치 봄바람이 얼어붙은 것을 풀고,
따뜻한 기운이 얼음을 녹이듯 하라. 이것이 곧 가정의 규범이다.

○ 주해　　불의폭노(不宜暴怒) : 너무 사납게 화를 내어서는 안 됨 • 경기(輕棄)
: 가벼이 버려 둠 • 은풍(隱諷) : 비유로 은근히 깨우쳐 줌 • 불오(不悟) : 깨닫
지 못함 • 사(俟) : 기다리는 것 • 경지(警之) : 이를 경고함, 이것을 깨우쳐
줌 • 형범(型範) : 틀, 규범, 본보기, 법도, 모범.

항상 원만함을 지녀야 한다

차 심　　상 간 득 원 만　　천 하　　자 무 결 함 지 세 계
此心이　常看得圓滿하면　天下는　自無缺陷之世界요

차 심　　상 방 득 관 평　　천 하　　자 무 험 측 지 인 정
此心이　常放得寬平하면　天下에　自無險側之人情이니라.

○ 풀이　　이 마음을 살펴보아 늘 원만함을 지닐 수 있으면 천하는 저절
로 결함이 없는 세계가 될 것이요, 이 마음을 항상 너그럽고 평온하게
내어 놓을 수 있으면 천하도 저절로 사나운 인정이 사라지게 될 것이다.

○ 주해　　차심(此心) : 자신의 마음 • 결함(缺陷) : 결점, 부족함 • 관평(寬平) :
관대하고 화평함, 너그럽고 평온한 것 • 험측(險側) : 험악한 것, 흉측함.

다만 의식하지 못할 뿐이다

거 역 경 중　　　주 신　　개 침 폄 약 석　　　지 절 려 행 이 불 각
居逆境中이면 周身이 皆鍼砭藥石 이라 砥節礪行而不覺하고

처 순 경 내　　안 전　　진 병 인 과 모　　소 고 마 골 이 부 지
處順境內면 眼前이 盡兵刃戈矛라 銷膏靡骨而不知니라.

○ 풀이　　가혹한 환경에 처했을 때에는 주위가 모두 침이요, 약인지라
절조를 닦고 행실을 바로잡게 되나, 이를 의식하지 못한다. 순탄한 환경
에 처했을 때에도 눈앞이 모두 칼과 창이라 기름을 녹이고 뼈를 깎아도,
이를 알지 못한다.

○ 주해　　역경(逆境) : 일이 뜻대로 되지 않아 어려움에 허덕이는 경우 • 주신
(周身) : 몸 주위 • 침폄(鍼砭) : 침(鍼)은 쇠침, 폄(砭)은 돌침 • 지절(砥節) : 절
조를 닦음 • 여행(礪行) : 행실을 바르게 함 • 불각(不覺) : 깨닫지 못함, 의식하
지 못함 • 순경(順境) : 일이 뜻대로 잘되는 경우 • 병인(兵刃) : 무기, 칼날 • 과
모(戈矛) : 창 • 소고(銷膏) : 기름을 녹이는 것 • 미골(靡骨) : 뼈를 깎는 것.

욕심은 타오르는 불꽃과 같다

생장부귀총중적   기욕   여맹화   권세   사열염
生長富貴叢中的은 嗜欲이 如猛火하고 權勢가 似烈焰하나니

약부대사청랭기미   기화염   부지분인   필장자삭의
若不帶些淸冷氣味하면 其火焰이 不至焚人이나 必將自爍矣니라.

○ 풀이 넉넉하고 귀한 환경에서 자라난 사람은 그 욕심이 거세게 타오르는 불길과 같고 그 권세는 사나운 불꽃과 흡사하다. 만약 조금쯤은 맑고 서늘한 기미를 지니지 않는다면 그 불꽃은 남을 태우게 되지는 않는다고 할지라도 장차 반드시 자신을 불태워 버리게 될 것이다.

○ 주해 생장(生長) : 태어나서 자라남, 출생하여 성장함 • 부귀총중(富貴叢中) : 부귀한 환경 • 기욕(嗜欲) : 물질적인 욕망을 즐기는 것 • 맹화(猛火) : 거센 불길, 세찬 불길 • 열염(烈焰) : 사나운 불꽃, 맹렬한 불꽃 • 부대(不帶) : 지니지 않는다면 • 청랭(淸冷) : 맑고 서늘한 • 부지분인(焚人) : 남을 태우기에는 이르지 않음 • 자삭(自爍) : 스스로를 불태워 버리는 것.

🍵 한결같이 참된 마음

인심일진　　변상가비　　　성가운　　　금석가관
人心一眞은 便霜可飛하고 城可隕하며 金石可貫이나

약위망지인　　형해도구　　진재이망
若僞妄之人은 形骸徒具나 眞宰已亡이라

대인칙면목　　가증　　　독거칙형영　　자괴
對人則面目이 可憎하고 獨居則影形이 自塊니라.

○ 풀이 　　사람의 마음이 한결같이 참되면 곧 서리도 내리게 할 수 있고,
성도 무너뜨릴 수 있으며 무쇠와 바위도 꿰뚫을 수 있다. 그러나 거짓된
사람은 한갓 형체만 갖추었을 뿐, 참된 마음은 이미 사라졌으므로 남을
대하면 얼굴이 밉살스럽고, 홀로 있으면 형체와 그림자가 스스로 부끄
러워지는 것이다.

일진(一眞) : 한결같이 진실함 • 상가비(城可陽) : 서리를 내리게 함. 오덕종시설(五德終始設)로 유명한 제나라의 학자 추연(皺衍)의 고사임 (회남자에 수록됨). 연의 혜왕을 충성으로 섬기던 연(衍)이 주위의 참소로 인해 옥에 갇히자 그는 하늘을 우러러 통곡하였다. 연의 억울함을 하늘이 알았음인지 여름철인 5월(음)에 서리가 내렸다고 함 • 성가운(城可陽) : 성을 무너뜨림. 왕 충의 논형에 수록된 기량의 아내에 관한 고사임. 제나라의 기량 (杞梁)이 싸움터에서 죽자 그의 아내가 목을 놓아 우니 하늘이 감동하였음 인지 성이 무너졌다고 함 • 금석가관(金石可貫) : 쇠와 돌도 꿰뚫을 수 있음. 송대(宋代) 성리학의 집대성자인 주희의 시에 '양기가 발하는 곳에서는 무쇠 와 돌도 또한 꿰뚫어진다. 사람이 정신을 한번 집중시킨다면 무슨 일인들 이 루지 못할 것인가?'(陽氣發處 金石亦透 精神一到 何事不成)라고 했음 • 위망 (僞妄) : 허위, 거짓됨 • 형해(形骸) : 형체, 육신 • 도(徒) : 헛되이, 한갓 • 진 재(眞宰) : 진정한 주재자, 참된 주인, 마음의 본체 • 면목(面目) : 얼굴 • 가증 (可憎) : 밉살스러움 • 형영(影形) : 형체와 그림자 • 자괴(自媿) : 스스로 부 끄러워함.

인품이 궁극의 경지에 이르면 다만 알맞을 뿐이다

문 장　주 도 극 처　　　무 유 타 기　　지 시 흡 호

文章이 做到極處하면 無有他奇요 只是恰好하며

인 품　주 도 극 처　　　무 유 타 이　　지 시 본 연

人品이 做到極處하면 無有他異요 只是本然이니라.

○ 풀이　　문장이 궁극의 경지에 이르면 별다른 기이함이 있는 것이 아니라 다만 알맞을 뿐이고, 인품이 궁극의 경지에 이르면 별다른 특이함이 있는 것이 아니라 다만 타고난 그대로의 모습일 뿐이다.

○ 주해　　주도(做到) : ~에 이름, ~에 도달함 • 극처(極處) : 궁극의 경지. 극치(極致), 절정 • 무유(無有) : 있는 것이 아님, 없음 • 타기(他奇) : 별다른 기이함 • 지(只) : 다만, 단지 • 흡호(恰好) : 알맞음, 적절함, 사람의 품성 • 타이(他異) : 별다른 특이함, 별다른 이상함 • 본연(然) : 타고난 본래의 모습.

🔖 만물이 모두 나와 한 몸이다

이 환 적 언　　무 론 공 명 부 귀
以幻迹言이면 無論功名富貴하고

즉 지 체　　역 속 위 형
卽肢體도 亦屬委形이요

이 진 경 언　　무 론 부 모 형 제　　즉 만 물
以眞境言이면 無論父母兄弟하고 卽 萬物이

개 오 일 체　　인 능 간 득 파　　인 득 진
皆吾一體니 人能看得破하고 認得眞이면

재 가 임 천 하 지 부 담　　역 가 탈 세 간 지 강 쇄
纔可任天下之負擔하고 亦可脫世間之韁鎖니라.

○ 풀이　　이 세상을 가상의 형상으로 본다면 부귀와 공명은 말할 것도 없이 내 몸조차 잠시 빌린 것이요, 실체의 경지에서 본다면 부모와 형제는 말할 것도 없이 만물이 모두 나와 한 몸이다. 사람이 능히 이런 이치를 깨닫고 체득할 수 있으면 천하의 짐도 질 수 있고 세상의 멍에에서 벗어날 수도 있을 것이다.

○ 주해　　환적(幻迹) : 가상계(假象界)의 형적, 만물의 형상 • 지체(肢體) : 육신, 신체 • 위형(委形) : 잠시 동안 빌린 형체 • 진경(眞境) : 참다운 세계, 실체의 경지 • 간득파(看得破) : 간파, 보고 깨달음 • 인득진(認得眞) : 참다운 세계를 앎 • 부담(負擔) : 책임 • 강쇄(韁鎖) : 고삐와 사슬, 즉 억압이나 속박을 뜻함.

절반에서 그쳐야 한다

상구지미　　개란장부골지약　　오분　　변무앙
爽口之味는 皆爛腸腐骨之藥이니 五分이면 便無殃이요

쾌심지사　　실패신상덕지매　　오분　　변무회
快心之事는 悉敗身喪德之媒니 五分이면 便無悔니라.

○ 풀이　　입에 맞는 음식은 모두 창자를 녹이고 뼈를 썩게 하는 극약이
니 반쯤 먹어야만 재앙이 없고, 마음을 기쁘게 하는 일은 모두 몸을 망
치고 덕을 잃게 하는 매개체이니 절반에서 그쳐야 뉘우칠 일이 없을 것
이다.

○ 주해　　상구지미(爽口之味) : 입에 맞는 음식, 맛있는 음식 • 난장(爛腸) : 내
장을 곯게 함 • 부골(腐骨) : 뼈를 썩게 함 • 약(藥) : 극약, 독약 • 오분(五分) :
반, 절반 • 무앙(無殃) : 재앙이 없음, 탈이 없음 • 쾌심지사(快心之事) : 마음을
유쾌하게 하는 일, 마음에 즐거운 일 • 패신(敗身) : 몸을 망침 • 상덕(喪德) :
덕을 잃게 함 • 매(媒) : 매개체 • 무회(無悔) : 뉘우칠 일이 없음.

덕을 기르는 세 가지

불 책 인 소 과   불 발 인 음 사   불 염 인 구 악
不責人小過하고 不發人陰私하며 不念人舊惡하라.

삼 자   가 이 양 덕   역 가 이 원 해
三者는 可以養德하고 亦可以遠害니라.

○ 풀이   남의 작은 과오는 꾸짖지 말고, 남의 사사로운 비밀은 들추어
내지 말며, 남의 지난날의 허물은 마음에 새겨 두지 말라. 이 세 가지로
능히 덕을 기를 수 있고 또한 해악을 멀리할 수 있는 것이다.

○ 주해   불책(不責) : 꾸짖지 않음, 책망하지 않음 • 소과(小過) ; 사소한 잘못,
작은 과오 • 불발(不發) : 들추어내지 않음, 폭로하지 않음, 발설하지 않음 •
음사(陰私) : 사사로운 비밀, 개인의 비밀 • 구악(舊惡) : 지난날의 잘못 • 양덕
(養德) : 덕성을 기름. 덕성을 함양함 • 원해(遠害) : 재앙을 멀리함, 해악을 멀
리함.

몸가짐을 너무 가벼이 하거나 무겁게 해서도 안 된다

사 군 자　　지 신　　불 가 경
士君子는 持身을 不可輕이니

경 칙 물 능 요 아　　　이 무 유 한 진 정 지 취
輕則物能撓我하여 而無悠閑鎭定之趣요

용 의　　불 가 중　　중 칙 아 위 물 니　　이 무 소 쇄 활 발 지 기
用意를 不可重이니 重則我爲物泥하여 而無蕭灑活潑之機니라.

○ 풀이　　선비와 군자는 몸가짐을 가벼이 해서는 안 된다. 가벼이 하면
곧 사물이 나를 흔들어 한가롭고 한정된 맛이 없어진다. 또한 마음 씀씀
이를 너무 무겁게 해서는 안 된다. 무거우면 곧 내가 사물에 얽매어 시
원스럽고 활달한 기상이 없어지게 된다.

○ 주해　　사군자(士君子) : 선비와 군자 • 지신(持身) : 몸가짐 • 물(物) : 사
물 • 요아(撓我) : 나를 흔들다, 나를 동요케 하다 • 유한(悠閑) : 유유하고 한가
함, 서두르지 않고 여유가 있음 • 진정(鎭定) : 마음이 안정되어 침착함 • 용의
(用意) : 마음 씀씀이 • 이(泥) : 진흙, 얽매이는 것, 구속 • 소쇄(蕭灑) : 시원스
럽고 씩씩함 • 활발지기(活潑之機) : 생기발랄한 기상, 활달한 기상.

삶은 단지 한순간뿐이다

천지   유 만 고   차 신   부 재 득
天地는 有萬古나 此身은 不再得이요

인 생   지 백 년   차 일   최 이 과
人生은 只百年이나 此日은 最易過니라.

행 생 기 간 자   불 가 불 지 유 생 지 락   역 불 가 불 회 허 생 지 우
幸生其間者는 不可不知有生之樂하고 亦不可不懷虛生之憂니라.

○ 풀이　　하늘과 땅은 영구히 있으되 이 몸은 두 번 태어날 수 없고, 삶은 단지 백 년뿐이로되, 하루는 참으로 쉽사리 지나간다. 다행히 그 사이에 태어난 사람으로서 삶의 즐거움을 몰라서는 아니 되며, 또한 헛되이 사는 것에 대한 근심을 품지 않아서도 안 된다.

○ 주해　　유(有) : 존재함 • 만고(萬古) : 영원함 • 부재득(不再得) : 다시 얻지 못함, 두 번 태어날 수 없음 • 지(只) : 다만, 단지 • 차일(此日) : 이 하루, 오늘 하루 • 최이과(最易過) : 가장 쉽게 지나감, 아주 빨리 지나감 • 행(幸) : 다행이 • 불가불(不可不) : ~하지 않을 수 없다 • 유생지락(有生之樂) : 사람으로서 생을 누리는 즐거움 • 허생지우(虛生之憂) : 헛되이 사는 것에 대한 근심, 보람 없이 사는 것에 대한 번민.

원한은 덕으로 인해 나타난다

원 인 덕 창　　　고　　사 인 덕 아　　　불 약 덕 원 지 양 망
怨因德彰이라 故로 使人德我로는 不若德怨之兩忘이요

구 인 은 립　　　고　　사 인 지 은　　　불 약 은 구 지 구 민
仇因恩立이라. 故로 使人知恩으로는 不若恩仇之俱泯이니라.

○ 풀이　　원한은 덕으로 인해 나타난다. 그러므로 남들로 하여금 나를 덕 있다고 여기게 하는 것은 덕과 원한 양쪽을 다 있게 하느니만 못한 것이다. 원수는 은혜로 인해 생겨난다. 그러므로 남들로 하여금 나의 은혜를 알게 하는 것은 은혜와 원수를 둘 다 없게 하느니만 못한 것이다.

○ 주해　　원인덕창(怨因德彰) : 원한은 덕으로 인해 드러남 • 불약(不若) : ~하는 것만 같지 못하며, ~하는 것이 훨씬 낫고 • 양망(兩忘) : 두 가지를 다 잊음 • 구인은립(仇因恩立) : 원수는 은혜로 인해 생겨남 • 구민(俱泯) : 모두 없애다. •

質병과 화는 스스로 불러들인 것이다

노 래 질 병　도 시 장 시 초 적　　쇠 후 죄 얼　도 시 성 시 작 적
老來疾炳은 都是壯時招的이요 衰後罪孽은 都是盛時作的이니

고　　지 영 리 만　　군 자 우 긍 긍 언
故로 持盈履滿은 君子尤兢兢焉하나니라.

○ 풀이　　늘어서 생기는 질병은 모두 젊었을 때 불러들인 것이요, 쇠퇴한 뒤의 재앙은 모두 흥왕할 때에 지은 것이다. 그러므로 군자는 흥왕하고 절정기에 있을 때 더욱 조심한다.

○ 주해　　노래질병(老來疾炳) : 늘어서 생기는 여러 가지 질병 • 도시(都是) : 모두 ~이다 • 장시(壯時) : 젊었을 때, 청장년기에 • 초적(招的) : 불러들인 것 • 쇠후(衰後) : 쇠퇴한 뒤 • 죄얼(罪孽) : 저지른 죄, 재앙 • 성시(盛時) : 흥왕한 때, 번성할 때 • 지영이만(持盈履滿) : 가득 차 있는 것을 지니고 밟음, 충만함, 흥왕하여 절정기에 있음 • 우(尤) : 더욱 • 긍긍(兢兢) : 두려워하고 조심함, 무서워서 몸을 움츠림. 두려워하고 조심하여 깊은 못에 이른 듯하고, 엷은 얼음을 밟는 듯하다〈시경, 소아, 소민편(小旻篇)〉.

🎴 일상의 행실

시 사 은　　　불 여 부 공 의　　　결 신 지　　　불 여 돈 구 호
市私恩은　不如扶公議요　結新知는　不如敦舊好요

입 영 명　　　불 여 종 은 덕　　　상 기 절　　　불 여 근 용 행
立榮名은　不如種隱德이요　尚奇節은　不如謹庸行이니라.

○ 풀이　　사사로운 은혜를 베푸는 것은 공명정대한 의론을 취함만 못하
고 새로운 친구를 사귀는 것은 옛 친구와의 정을 두터이 하느니만 못하
며, 영화로운 이름을 세우는 것은 숨은 공덕을 심느니만 못하고, 뛰어난
절의를 숭상하는 것은 일상의 행실을 삼가느니만 못한 것이다.

○ 주해　　시(市) : 시장, 파는 것 • 사은(私恩) : 사사로운 은혜, 개인적인 정(情)
에 의하면 베푸는 은덕 • 부(扶) : 붙잡다, 편들다, 돕다 • 공의(公議) : 공론, 중
론, 공명정대한 의론 • 결(結) : 맺다, 사귀다 • 신지(新知) : 새로운 친구 • 돈구
호(敦舊好) : 옛 친구와의 우정을 두터이 함 • 입영명(立榮名) : 영광스러운 이
름을 내세움, 명예를 떨침 • 종은덕(種隱德) : 남몰래 공덕을 쌓음. 종(種)은 심
다, 쌓다의 뜻 • 상기절(尚奇節) : 기이한 절조, 뛰어난 절개를 숭상함. 상(尚)
은 높이다. 숭상하다, 숭배하다의 뜻 • 근(謹) : 삼가다, 조심하다 • 용행(庸行)
: 평상시의 보통 행동, 일상의 평범한 행실. 용(庸)은 평(平), 상(常)의 뜻.

菜譚 침착하되 우물쭈물해서는 안 된다

처 부 형 골 육 지 변   의 종 용   불 의 격 렬
處父兄骨肉之變에는 宜從容하고 不宜激烈하며

우 봉 우 교 유 지 실   의 개 절   불 의 우 유
遇朋友交遊之失에는 宜凱切하고 不宜優游니라.

○ 풀이   부모형제와 같은 혈족의 변을 당하여서는 마땅히 침착하여 과격해져서는 안 되고, 친구의 허물을 보면 당연히 간곡하게 충고하여 우물쭈물해서는 안 된다.

○ 주해   처(處) : 당하는 것, 처함 • 부형(父兄) : 부모형제 ; 골육(骨肉) 부모형제와 같은 혈육 사이 • 의(宜) : 마땅히, 당연히 • 종용(從容) : 침착함 • 우(遇) : 만남 • 붕우(朋友) : 벗, 친구 • 교유(交遊) : 사귐 • 실(失) : 과오 잘못 • 개절(凱切) : 간절함, 알맞게 충고함 • 우유(優游) : 주저함, 우물쭈물함, 우유부단함.

참된 대장부

소 처　　 불 삼 루　　 암 중　　 불 기 은
小處에 不滲漏하고 暗中에 不欺隱하며

말 로　　 불 태 황　　　재 시 개 진 정 영 웅
末路에 不怠荒하면 纔是個眞正英雄이니라.

○ 풀이　　작은 일에도 빈틈이 없고 남이 보지 않는 곳에서도 속이거나 숨기지 않으며 일이 어긋났는데도 포기하지 않는다면 이런 사람이야말로 참된 대장부라고 할 수 있으리라.

○ 주해　　소처(小處) : 작은 일, 사소한 일 • 삼루(滲漏) : 물이 새어나옴, 일처리가 치밀하지 못하고 허술함 • 암중(暗中) : 남들이 보지 않는 곳에, 어둠 속에 • 불기은(不欺隱) : 속이거나 숨기지 않음 • 말로(末路) : 일이 실패로 끝장이 난 때, 말년, 만년 • 태황(怠荒) : 게으르고 거침, 태만하고 불성실함, 자포자기함.

사랑이 지나치면 원한을 살 수 있다

천금 난결 일시 지 환 일반 경치 종 신 지 감
千金도 難結一時之歡이요 一飯도 竟致終身之感이니

개 애 중 반 위 구 박 극 번 성 희 야
蓋愛重反爲仇요 薄極翻成喜也니라.

○ 풀이　천금으로도 한때의 환심을 사기는 어려우나 한 그릇의 밥으로
도 의외로 평생의 은혜를 이루는 수가 있다. 대체로 사랑이 지나치면 오
히려 원한을 살 수가 있고, 대단히 작은 베풂이 도리어 큰 기쁨이 되기
도 한다.

○ 주해　천금(千金) : 거금, 많은 돈 • 일시지환(一時之歡) : 당장의 환심, 한
때의 기쁨 • 일반(一飯) : 한 끼의 밥, 한 그릇의 밥 • 종신지감(終身之感) : 평생
토록 은혜를 잊지 않음 • 애중(愛重) : 사랑이 지나침, 사랑이 분수에 넘침 •
박극(薄極) : 대단히 적은 도움, 대단히 적은 은혜 • 번(翻) : 오히려, 도리어.

편안할 때에 한 마음을 지녀야 한다

쇠 삽 적 만 중　　취 재 성 만 중
就在盛滿中은 就在盛滿中하고

발 생 적 기 함　　즉 재 영 락 내
發生的機緘은 卽在零落內니

고　　군 자　　거 안　　의 조 일 심 이 려 환
故로 君子는 居安에 宜操一心以慮患하고

처 변　　당 견 백 인 이 도 성
處變엔 當堅百忍以圖成이니라.

○ 풀이　　쇠잔한 모습은 번성함 속에 있고, 새롭게 자라나는 움직임은
시듦 속에 있다. 그러므로 군자는 편안할 때에 마땅히 한 마음을 지니고
후환을 염려해야 하며, 고난에 처하여서는 백 번 참는 마음으로 성공을
도모하여야 한다.

○ 주해　　쇠삽(就在) : 쇠락하여 쓸쓸함, 쇠잔하여 소슬함 • 성만(盛滿) : 번성
하고 가득 차 있음, 절정기에 있음 • 기함(機緘) : 기미, 작용, 움직임 • 영락(零
落) : 시들어 떨어짐, 쇠락함 • 조일심(操一心) : 곧고 바르게 지키는 한 마음 •
여환(慮患) : 뒷근심을 염려함, 후환을 근심함 • 당(當) : 마땅히 • 견백인(堅百
忍) : 굳세게 몇 번이고 고난을 참음 • 도(圖) : 꾀함, 도모함, 기도함.

원대한 식견이 없는 것

경 기 희 이 자　　무 원 대 지 식
驚奇喜異者는 無遠大之識하고

고 절 독 행 자　　비 항 구 지 조
苦節獨行者는 非恒久之操니라.

○ 풀이　　신기한 것에 놀라워하고 특이한 것을 즐거워함은 원대한 식견
이 없는 것이요, 괴롭게 절개를 지키며 유별나게 홀로 행하는 것은 항구
적인 지조가 아닐 것이다.

○ 주해　　경기(驚奇) : 실기한 것을 보고 경탄함 • 희이(喜異) : 이상한 것을 좋
아함, 별난 것을 보고 즐거워함 • 식(識) : 견식, 식견 • 고절(苦節) : 괴롭게 지키
는 절개, 역경에서 지키는 절개 • 독행(獨行) : 세상을 등지고 홀로 자신의 길을
걸어감, 세상과 인연을 끊고 혼자만의 삶을 살아감 • 항구(恒久) : 영원, 영구,
불멸 • 조(操) : 지조.

참마음의 주인

당 노 화 욕 수　　정 등 비 처　　　명 명 지 득
當怒火慾水가 正騰沸處하여 明明知得하며

우 명 명 범 착　　　지 적 시 수　　범 적 우 시 수
又明明犯著하나 知的是誰며 犯的又是誰오.

차 처　　능 맹 연 전 념　　　사 마 변 위 진 군 의
此處에 能猛然轉念하면 邪魔便爲眞君矣니라.

○ 풀이　　노여움의 불길과 욕망의 물결이 바야흐로 끓어오르는 때를 당
하여 똑똑히 이를 알고, 또한 알면서도 이런 행위를 저지르는 수가 있으
니, 아는 자는 누구이며 저지른 자는 또 누구인가? 이럴 때에 모질게 마
음을 돌릴 수만 있다면 이 사악한 악마 같은 마음도 곧 변하여 참마음
의 주인이 될 것이다.

○ 주해　　노화욕수(怒火慾水) : 노여움의 불길과 욕망의 물결 • 정(正) : 바야흐
로 • 등비(騰沸) : 끓어오르는 것, 비등 • 명명(明明) : 분명히, 똑똑히, 명백히 •
범착(犯著) : 범함, 저지르는 것 • 맹연(猛然) : 맹렬히, 굳세게, 모질게 • 전념
(轉念) : 마음을 돌리는 것 • 사마(邪魔) : 사악한 마귀 • 진군(眞君) : 참마음, 마
음의 주인, 양심.

🔖 남의 단점을 감싸주어야 한다

인 지 단 처　　요 곡 위 미 봉　　여 폭 이 양 지
人之短處는 要曲爲彌縫이니 如暴而揚之하면

시　　이 단 공 단　　　인 유 완 적　　　요 선 위 화 회
是는 以短攻短이요 人有頑的이어든 要善爲化誨니

여 분 이 질 지　　시　　이 완 제 완
如忿而疾之면 是는 以頑濟頑이니라.

○ 풀이　　될 수 있는 대로 남의 단점을 감싸주어야 한다. 만일 그것을 드
러내어 세상에 알린다면 이는 단점으로써 단점을 치는 것이 된다. 남에
게 완고한 점이 있으면 잘 타일러 깨우쳐 주어야 한다. 만약 화를 내고
미워한다면 이는 완고함으로써 완고함을 구제하려는 것이다.

○ 주해　　단처(短處) : 단점, 약점 • 곡(曲) : 곡진, 간곡, 완곡 • 미봉(彌縫) : 덮
어줌, 감싸 줌, 꿰맴 • 여(如) : 만약, 만일 • 폭이양지(暴而揚之) : 폭로하여 세
상에 알림, 드러내어 남에게 알림 • 이단공단(以短攻短) : 자신의 단점으로써
남의 단점을 공격함 • 완(頑) : 완고한, 완악한 • 선위화회(善爲化誨) : 잘 가르
쳐 깨닫게 함 • 분이질지(忿而疾之) : 화를 내고 미워함. 질(疾)은 질(嫉)과 같
은 뜻임 • 이완제완(以頑濟頑) : 완고함으로써 완고함을 건지려고 함, 완악함
으로써 완악함을 구제하려고 함. 제(濟)는 건지다, 구제하다의 뜻임.

🌸 마음의 본바탕

제 일 청 천　　숙 변 위 신 뇌 진 전
霽日靑天이 倏變爲迅雷震電하고

질 풍 노 우　　숙 변 위 낭 월 청 공　　　　기 기 하 상
疾風怒雨도 倏變爲朗月晴空하나니 氣機何常이리오

일 호 응 체　　태 허 하 상
一毫凝滯니 太虛何常이리오

일 호 장 색　　인 심 지 체　　역 당 여 시
一毫障塞이니 人心之體도 亦當如是니라.

○ 풀이　　맑게 갠 날 푸른 하늘도 삽시간에 변하여 우레가 치고 번갯불
이 번쩍이며, 사나운 바람, 세찬 비도 어느새 밝은 달과 맑은 하늘로 변
하니, 천지의 움직임이 어찌 한결 같으리오! 그것은 한 터럭의 걸림 때
문이다. 하늘이 어찌 한결 같으리오! 그것은 한 터럭의 막힘 때문이며,
사람의 마음의 본바탕도 또한 이와 같은 것이다.

○ 주해　　제일(霽日) : 맑게 개인 날 • 숙(倏) : 갑자기, 홀연히, 삽시간에 • 신
뇌진전(迅雷震電) : 심한 우레와 번쩍이는 번개 • 질풍노우(疾風怒雨) : 사나운
바람과 성난 비 • 낭월청공(朗月晴空) : 밝은 달과 맑은 하늘 • 기기(氣機) : 하
늘의 기미, 천지의 움직임 • 상(常) : 불변함, 언제나 변함이 없음 • 일호(一毫)
: 한 터럭, 아주 작은 것을 가리킴 • 응응체(凝滯) : 엉키고 막힘 • 태허(太虛) :
하늘 • 하상(何常) : 어찌 한결 같으리오 • 체(體) : 본체, 바탕.

🪷 사사로운 정(情)과 물욕을 제어하는 일

승사 제 욕 지 공　유 왈 　식 부 조　역 불 이 자
勝私制欲之功은 有日 識不早면 力不易者하고

유 왈 　식 득 파　　인 불 과 자　　개 식　　시 일 과 조 마 적 명 주
有日 識得破라고 忍不過者니 蓋識은 是一顆照魔的明珠요

역　　시 일 파 참 마 적 혜 검　　양 불 가 소 야
力은 是一把斬魔的慧劍이니 兩不可少也니라.

○ 풀이　사사로운 정(情)과 물욕을 제어하는 일에 대하여 '일찍 알지 못하면 누르기가 쉽지 않다.'고 하는 이도 있고, '알았다 하더라도 참을성이 부족하다.'고 하는 이도 있다. 대체로 안다는 것은 마귀를 비추는 한 알의 밝은 구슬이요, 누르는 힘은 마귀를 베는 한 자루의 지혜의 칼이니이 둘은 모두 없어서는 안 된다.

○ 주해　승사제욕(勝私制欲) : 사사로운 욕심을 이기고 누름 • 식(識) : 욕심의 실체를 인식하는 슬기 • 역불이(力不易) : 사욕을 누르는 힘을 기르기가 쉽지 않음 • 식득파(識得破) : 알아서 깨우침, 알아서 간파함 • 인불과(忍不過) : 참을성이 부족함 • 개(蓋) : 대개, 대체로 • 일과(一顆) : 한 알, 수사(數詞)임 • 마(魔) : 악마, 마귀 • 일파(一把) : 한자루 • 참마(斬魔) : 마귀를 벰 • 혜검(慧劍) : 지혜의 칼 • 불가소(不可少) : 없어서는 안 됨.

천지는 하나의 큰 부모이다

오신   일소천지야   사희노불건
吾身은 一小天地也라 使喜怒不愆하고

호오유칙   변시섭리적공부
好惡有則하면 便是燮理的功夫요

천지   일대부모야   사민무원자
天地는 一大父母也라 使民無怨咨하고

물무분진   역시돈목적기상
物無氛疹하면 亦是敦睦的氣象이니라.

○ 풀이   내 몸은 하나의 소우주이다. 기뻐함과 성냄에 허물이 없게 하고, 좋아함과 싫어함을 법도에 맞게 한다면 이는 곧 내 몸을 조화롭게 다스리는 공부가 된다. 천지는 하나의 큰 부모이다. 백성들로 하여금 원망과 탄식이 없게 하고, 만물로 하여금 병이 없게 한다면 이 또한 화목을 돈독히 하는 기상이 된다.

○ 주해   소천지(小天地) : 작은 천지, 소우주 • 불건(不愆) : 허물이 없는 것, 과오나 비행을 저지르지 않는 것 • 호오(好惡) : 좋아함과 싫어함 • 유칙(有則) : 법도가 있음, 법도에 맞게 함 • 섭리(燮理) : 조화롭게 다스리는 것. 섭(燮)은 섭(燮 : 화할 섭)과 같음 • 물(物) : 만물 • 분진(氛疹) : 나쁜 병, 분(氛)은 나쁜 기운. 진(疹)은 두드러기, 열병 • 돈목(敦睦) : 화복을 두터이 함, 화목을 돈독히 함.

134

생각은 밝아지고 덕은 두터워진다

해 인 지 심　　불 가 유　　　방 인 지 심　　불 가 무
害人之心은 不可有하고 防人之心은 不可無라 하니

차　　계 소 어 려 야　　　영 수 인 지 사　　　무 역 인 지 사
此는 戒疎於慮也요 寧受人之欺언정 毋逆人之詐라 하니

차　　경 상 어 찰 야　　이 어 병 존　　　정 명 이 혼 후 의
此는 警傷於察也라. 二語並存하면 精明而渾厚矣리라.

○ 풀이　　남을 해치려는 마음을 가져서는 안 되며, 남의 침해를 막으려
는 마음이 없어서도 안 된다.'고 했는데 이것은 생각의 소홀함을 경계한
말이다. '차라리 남에게 속임을 당할지언정 남이 자신을 속일 것이라고
미리 염려하지는 말라.'고 했는데 이것은 지나치게 살피는 것의 손상됨
을 경계한 말이다. 이 두 가지 말을 아울러 간직한다면 생각은 밝아지고
덕은 두터워질 것이다.

○ 주해　　해인지심(害人之心) : 다른 사람을 해치려는 마음 • 불가유(不可有) :
있어서는 안 됨 • 방인지심(防人之心) : 남의 침해를 막으려는 마음 • 불가무
(不可無) : 없어서는 안 됨 • 소어려(疎於慮) : 생각에 소홀함이 있음 • 영(寧)~
무(毋) : 차라리 ~할지언정 ~하지는 말라 • 역인지사(逆人之詐) : 남이 자신을
속일 것이라고 예상함 • 상어찰(傷於察) : 과도하게 살핌으로써 자기의 덕을
다치게 함 • 이어병존(二語並存) : 두 가지 말을 아울러 간직함 • 정명(精明) :
정밀하고 밝음 • 혼후(渾厚) : 원만하고 두터운 것, 원만하고 돈독함.

남의 말을 물리쳐서는 안 된다

무 인 군 의 이 조 독 견　　무 임 기 의 이 폐 인 언
*毋因群疑而阻獨見*하고 *毋任己意而廢人言*하며

무 사 소 혜 이 상 대 체　　무 차 공 론 이 쾌 사 정
*毋私小惠而傷大體*하고 *毋借公論而快私情*하라.

○ 풀이　　여러 사람들이 의심한다고 하여 자신의 소신을 꺾어서는 안
되고, 자신의 의사만을 믿어 남의 말을 물리쳐서도 안 된다. 사소한 은
혜에 이끌려 대국을 그르쳐서는 안 되며, 공론을 빌어서 사사로운 정을
풀려고 해서도 안 된다.

○ 주해　　무(毋) : ~하지는 말라 • 군의(群疑) : 뭇사람이 의심함 • 조(阻) : 소
신을 꺾음, 뜻을 굽힘 • 독견(獨見) : 자신의 의견, 자기의 의사 • 임(任) : 맡기
는 것 • 폐(廢) : 폐함, 물리침 • 사(私) : 사사로운 정(情)에 얽매이는 것 • 대체
(大體) : 대국(大局) • 차(借) : 빌림, 이용함, 빙자함, 평계를 댐 • 공론(公論) :
여론, 여러 사람의 의견 • 쾌(快) : 만족케 함, 해결함 • 사정(私情) : 사사로운
감정, 개인감정.

📛 뜻밖의 재앙을 부를 수 있다

선인   미능급친   불의예양   공래참참지간
善人을 未能急親이어든 不宜預揚이니 恐來讒讚之奸이요

악인   미능경거   불의선발   공초매얼지화
惡人을 未能輕去어든 不宜先發이니 恐招媒蘖之禍니라.

○ 풀이   착한 사람과 빨리 친할 수 없거든 미리 칭찬하지는 말라, 간악
한 참소가 있을까 두렵다. 악한 사람을 쉽게 내쫓을 수 없거든 먼저 발
설하지는 말라, 뜻밖의 재앙을 부를까 염려된다.

○ 주해   미능급친(未能急親) : 빨리 사귈 수는 없다, 급히 친해질 수는 없다·
불의(不宜) : ~함이 옳지 않다·예양(預揚) : 미리 칭양(稱揚)함, 미리 칭찬
함·공래(恐來) : ~이 올까 두렵다, ~이 있을까 염려된다·참참(讒讚) : 참소,
모함·미능경거(未能輕去) : 쉽게 멀리할 수 없음, 가볍게 내쫓을 수 없음·선
발(先發) : 미리 발설함·공초(恐招) : ~를 부를까 두렵다, ~이 올까 염려된
다·매얼(媒蘖) : 누룩, 재앙을 양성함, 화근(禍根)을 기름.

장사꾼의 거래

부 자 자 효　　형 우 제 공　　종 주 도 극 처　　구 시 합 당 여 차
父慈子孝하고 兄友弟恭하여 終做到極處라도 俱是合當如此니

착 부 득 일 호 감 격 적 염 두　　여 시 자 임 덕
著不得一毫感激的念頭라 如施者任德하고

수 자 회 은　　변 시 노 인　　변 성 시 도
受者懷恩이면 便是路人이니 便成市道니라.

○ 풀이　아버지는 인자하고 아들은 효도하며, 형은 우애가 있고 아우는 공손한 것이 비록 지극한 경지에 도달했다고 할지라도, 그것은 당연히 그러해야 할 것이니 털끝만큼이라도 감격스런 마음으로 볼 것이 아니다. 만일 베푸는 자가 덕으로 여기고, 받는 자가 은혜로 생각한다면 그것은 곧 거리에서 우연히 만난 사람과 다름없으니 문득 장사꾼의 거래가 되고 마는 것이다.

○ 주해　형우제공(兄友弟恭) : 형은 우애가 있고 아우는 공손함 • 종(終) : 비록 • 주도(做到) : 도달함 • 극처(極處) : 지극한 경지 • 합당여차(合當如此) : 이와 같이 하는 것이 마땅함, 당연히 그러해야 함 • 착부득(著不得) : ~로 볼 것이 못됨, ~로 볼 것이 아님 • 일호(一毫) : 털끝만큼, 아주 조금 • 감격적염두(感激的念頭) : 감격하는 마음, 감격스런 생각 • 여(如) : 만약, 만일 • 임덕(任德) : 스스로 덕을 베풀었다고 여김 • 회은(懷恩) : 은혜로 앎 • 노인(路人) : 길거리에서 우연히 만난 사람 • 시도(市道) : 상인의 도리, 장사꾼의 거래.

🎴 만사는 대비(對比)가 된다

유 연   필 유 추   위 지 대   아 부 과 연   수 능 추 아
有姸이면 必有醜하여 爲之對니 我不誇姸이면 誰能醜我리요.

유 결   필 유 오   위 지 구   아 불 호 결   수 능 오 아
有潔이면 必有汚하여 爲之仇니 我不好潔이면 誰能汚我리요.

○ 풀이   아름다운 것이 있으면 반드시 추한 것이 있어 대비가 되니, 내
스스로 아름다운 것을 자랑하지 않는다면 누가 능히 나를 추하다고 하
겠는가. 깨끗한 것이 있으면 반드시 더러운 것이 있어 대비가 되니, 내
스스로 깨끗한 것을 좋아하지 않는다면 누가 능히 나를 더럽다고 하겠
는가.

○ 주해   연(姸) : 고움, 아름다움(美) • 위지대(爲之對) : 대비가 됨, 상대가
됨 • 과(誇) : 자랑하다, 으스대다 • 위지구(爲之仇) : 짝이 됨, 상대가 됨, 구
(仇)는 짝, 원수, 적, 상대(相對)를 뜻하는 말임.

냉정한 마음으로 대응해야 한다

염량지태　　부귀　갱심어빈천
炎涼之態는 富貴가 更甚於貧賤하고

투기지심　　골육　우한어외인
妬忌之心은 骨肉이 尤狠於外人이니

차처　　약부당이냉장　　어이평기
此處에 若不當以冷腸하고 御以平氣면

선불일좌번뇌장중의
鮮不日坐煩惱障中矣리라.

○ 풀이　뜨거웠다 식었다 하는 변덕은 부귀한 사람이 빈천한 사람보다 더욱 심하고, 질투와 시기하는 마음은 친척이 남보다 더욱 사납다. 만일 이러한 가운데에서 냉정한 마음으로 대응하고 평정한 기운으로 누르지 못한다면 번뇌 속에 잠기지 않는 날이 드물 것이다.

○ 주해　염량지태(炎涼之態) : 더웠다 식었다 하는 변덕스러운 인정을 말함 • 어(於) : ~보다 • 골육(骨肉) : 육친, 친족 • 우(尤) : 더욱 • 한(狠) : 사나움 • 냉장(冷腸) : 냉정한 마음, 냉철함 • 어(御) : 부리다, 몰다, 억제하다, 제어하다 • 평기(平氣) : 화평한 기운, 안정된 기운 • 선(鮮) : 드물다 • 번뇌장(煩惱障) : 번뇌가 열반에 드는 데에 장애가 됨으로 생긴 말임.

벼슬은 너무 높아서는 안 된다

작 위   불 의 태 성   태 성 칙 위
爵位는 不宜太盛이니 太盛則危하고

능 사   불 의 진 필   진 필 칙 쇠
能事는 不宜盡畢이니 盡畢則衰하며

행 의   불 의 과 고   과 고 칙 방 흥 이 훼 래
行誼는 不宜過高니 過高則謗興而毁來니라.

○ 풀이   벼슬은 너무 높아서는 안 되니, 너무 높으면 위태롭기 때문이
다. 탁월한 재능은 다 쓰지 말아야 할 것이니, 다 써 버리면 쇠퇴하게 된
다. 행실은 지나치게 높이지 말 것이니, 너무 높으면 비방이 일어나고
헐뜯음이 오게 되는 것이다.

○ 주해   작위(爵位) : 벼슬의 지위, 관작(官爵) • 불의(不宜) : 마땅히 ~해서는
안 됨, ~하지 말아야 함 • 태성(太盛) : 지나치게 성함, 너무 높음 • 능사(能事)
: 잘하는 일, 능숙한 일, 재능, 특기 • 진필(盡畢) : 다하여 마침 • 행의(行誼) :
올바른 행실, 도리에 맞는 떳떳한 행실 • 과고(過高) : 지나치게 높임 • 방흥
(謗興) : 비방이 쏟아짐, 비방이 일어남 • 훼래(毁來) : 헐뜯음이 오게 됨.

도망갈 길을 터놓아야 한다

서 간 두 행   요 방 타 일 조 거 로
鋤奸杜倖엔 要放他一條去路니

약 사 지 일 무 소 용   비 여 색 서 혈 자
若使之一無所容이면 譬如塞鼠穴者라.

일 체 거 로 도 색 진   즉   일 체 호 물 구 교 파 의
一切去路都塞盡이면 則 一切好物俱咬破矣니라.

○ 풀이   간악한 사람을 제거하고 아첨하는 무리를 막으려면 먼저 그들
이 도망갈 한 가닥 길을 터놓아야 한다. 만약 조금도 이들을 용납할 곳
을 없게 한다면 이는 쥐구멍을 틀어막는 것과 같다. 도망갈 길이 모두
막혀 버리면 소중한 물건을 다 물어뜯을 것이다.

○ 주해   서간(鋤奸) : 간악한 사람을 제거함 • 두행(杜倖) : 아첨하는 무리를
막음 • 방타(放他) : 그에게 열어주다, 그에게 터 줌 • 거로(去路) : 물러갈 길 •
소용(所容) : 용납될 곳 • 색(塞) : 막음, 봉쇄함 • 서혈(穴者) : 쥐구멍 • 일체(一
切) : 모두 • 색진(塞盡) : 모두 막음 • 호물(好物) : 좋은 물건, 소중한 물건 • 교
파(咬破) : 물어뜯어 망가뜨림.

환난은 남과 함께 할지언정 안락은 함께 누리지 말라

당 여 인 동 과　　　부 당 여 인 동 공　　　동 공 칙 상 기
當與人同過나 不當與人同功이니 同功則相忌요

가 여 인 공 환 난　　　불 가 여 인 공 안 락　　　안 락 칙 상 구
可與人共患難이나 不可與人共安樂이니 安樂則相仇니라.

○ 풀이　　허물은 남고 함께 할지언정 공로는 남과 함께 하지 말라. 공로를 함께 하면 서로 시기하게 된다. 환난은 남과 함께 할지언정 안락은 남과 함께 누리지 말라. 안락을 함께 하면 서로 원수 사이가 된다.

○ 주해　　여인(與人) : 남과 함께 • 동과(同過) : 과오의 책임을 함께 나눔 • 상기(相忌) : 서로 꺼림, 서로 시기하고 의심함 • 공환난(共患難) : 근심과 고생을 함께함 • 안락(安樂) : 편안하고 즐거운 것 • 상구(相仇) : 서로 원수 사이가 됨.

일반사람들의 보편적 병폐

기 칙 부　　　포 칙 양　　　욱 즉 추
饑則附하고 飽則颺하며 燠則趨하고

한 즉 기　　　인 정 통 환 야
寒則棄는 人情通患也라.

○ 풀이　　굶주리면 달라붙고 배부르면 훌쩍 떠나며, 따뜻하면 모여들고 추우면 버리는 것, 이것이 바로 일반사람들의 보편적 병폐이다.

○ 주해　　부(附) : 달라붙는 것, 잘사는 사람에게 아부함 • 양(颺) : 훌쩍 떠나감 • 욱즉추(燠則趨) : 따뜻하면 모여듦 • 한즉기(寒則棄) : 추워지면 버림 • 통환(通患) : 보편적 병폐, 일반적인 폐단.

식견을 키워야 한다

덕 수 양 진   양 유 식 장
德隨量進하고 量由識長하나니

고   욕 후 기 덕   불 가 불 홍 기 량
故로 欲厚其德이면 不可不弘其量이요

욕 홍 기 량   불 가 불 대 기 식
欲弘其量이면 不可不大其識이니라.

○ 풀이   덕은 도량을 따라 앞으로 나아가고 도량은 식견으로 말미암아
자란다. 그러므로 덕을 두터이 하고자 하면 도량을 넓혀야 하고, 도량을
넓히고자 하면 먼저 식견을 키워야 한다.

○ 주해   양(量) : 도량 • 식(識) : 식견 • 홍(弘) : 넓힘 • 불가불대기식(不可不
大其識) : 그 식견을 크게 하지 않을 수 없다, 식견을 키워야만 하는 것이다. 불
가불(不可不)은 ~하지 않으면 안 된다, ~하지 않을 수 없다, ~해야만 하는 것
의 뜻임.

절개를 지켜야 한다

사업문장　　수신소훼　　　이정신　　만고여신
事業文章은 隨身銷毀하되　而精神은 萬古如新하고

공명부귀　　축세전이　　　이기절　　천재일일
功名富貴는 逐世轉移하되　而氣絶은 千載一日하나니

군자　　신부당이피역차야
君子는 信不當以彼易此也니라.

○ 풀이　　사업과 문장은 육신과 함께 사라지지만 정신은 영원히 새롭다.
공명과 부귀는 세상을 따라 바뀌지만 절개는 천 년이 하루 같으니, 군자
는 진정 저것으로써 이것은 바꾸지 말아야 한다.

○ 주해　　소훼(銷毀) : 녹아 없어지는 것, 사라짐, 소실 • 만고여신(萬古如新) :
영원히 새롭다 • 축세(逐世) : 세상을 따라, 시대에 따라 • 전이(轉移) : 변함,
옮김, 바뀜 • 기절(氣絶) : 기개와 절조 • 천재일일(千載一日) : 천 년이 하루와
같음, 영원히 변함이 없음 • 신(信) : 진실로, 참으로, 진정 • 피(彼) : 저것(사업
문장, 공명부귀를 뜻함) • 차(此) : 이것(정신, 기절을 말함).

계략 속에 또 계략이 있다

어망지설　홍칙리기중　　당랑지탐　작우승기후
魚網之設에 鴻則罹其中하고 螳螂之貪에 雀又乘其後하나니

기리장기　　변외생변　지교　하족시재
機裡藏機하고 變外生變이니 智巧를 何足恃哉리오.

○ 풀이　　고기를 잡는 그물 속에 기러기가 걸려들고, 사마귀가 먹이를 탐내는 곳에 참새가 또한 그 뒤를 노린다. 계략 속에 또 계략이 숨어 있고 이변 밖에 거듭 이면이 일어나니, 사람의 슬기와 계교를 어찌 믿을 수 있겠는가!

○ 주해　　이(罹) : 걸리다 • 당랑(螳螂) : 사마귀 • 작(雀) : 참새 • 승(乘) : 기회를 노림 • 기리장기(機裡藏機) : 계략 속에 또 계략이 숨어 있음 • 변외생변(變外生變) : 이면 밖에 또 이변이 생김, 변고 밖에 다시 변고가 일어남 • 지교(智巧) : 슬기와 기교 • 하족시재(何足恃哉) : 어찌 능히 믿을 수 있겠는가?

맑음은 저절로 나타나기 마련이다

수 불 파 칙 자 정   감 불 예 칙 자 명
水不波則自定하고 鑑不翳則自明이라.

고   심 무 가 청   거 기 혼 지 자
故로 心無可淸이니 去其混之者면

이 청 자 현   낙 불 필 심
而淸自現하고 樂不必尋이니

거 기 고 지 자   이 락 자 존
去其苦之者면 而樂自存이니라.

○ 풀이   물은 파문이 일지 않으면 스스로 고요하고, 거울은 때가 끼지 않으면 스스로 밝은 것이다. 마음도 굳이 맑게 하려고 애쓸 필요가 없으니, 때를 없애 버리면 맑음이 저절로 나타나게 된다.

○ 주해   자정(自定) : 저절로 안정됨, 스스로 고요함 • 감(鑑) : 거울 • 예(翳) : 흐림, 먼지나 때가 낌 • 무가(無可) : 억지로 ~할 필요는 없다 • 자현(自現) : 저절로 드러남, 스스로 나타남 • 불필(不必) : 꼭 ~할 필요는 없다, 반드시 ~할 것은 없다 • 자존(自存) : 스스로 존재함, 저절로 있음.

지나치게 고집을 부려서는 안 된다

사 유 급 지 불 백 자　　　관 지 혹 자 명　　　무 조 급 이 속 기 분
事有急之不白者로되 寬之或自明하나니 毋躁急以速其忿하고

인 유 조 지 부 종 자　　　종 지 혹 자 화　　　조 절 이 익 기 완
人有操之不從者로되 縱之或自化하나니 操切以益其頑하라.

○ 풀이　　일을 급하게 서둘지 않으면 밝혀지지 않던 것도 더러 저절로
분명해지는 것이 있으니, 조급하게 하여 분노를 사지는 말라. 따르지 않
던 사람도 내버려 두면 더러 저절로 감화되는 수가 있으니, 지나치게 고
집을 부려서 그 고집을 더하게 하지는 말라.

○ 주해　　불백(不白) : 드러나지 않음, 밝혀지지 않음, 명백하지 않음 • 자명
(自明) : 저절로 밝혀짐, 저절로 드러남 • 무(毋) : ~ 하지 말라 • 조급(躁急) :
참을성이 없이 급하게 서두르는 것 • 속기분(速其忿) : 분노를 불러들임 • 조
(操) : 부리는 것, 조종 • 부종(不從) : 따르지 않음, 복종하지 않음 • 종(縱) : 놓
아둠, 내버려 둠 • 자화(自化) : 스스로 감화되는 것 • 조절(操切) : 너무 심하게
부림 • 익기완(益其頑) : 그 완고함을 더하게 함, 그 고집을 더욱 세게 해줌.

🈷 하던 일을 그만두려면

사사　　당사어정성지시
謝事는 當謝於正盛之時하고

거신　　의거어독후지야
居身은 宜居於獨後之也니라.

○ 풀이　일을 그만두고 물러서려거든 마땅히 융성기에 해야 하고, 몸을 두려거든 마땅히 홀로 뒤진 자리(남들이 탐내지 않는 한적한 자리)에 두어야 할 것이니라.

○ 주해　사사(謝事) : 하던 일을 그만두고 물러나는 것 • 정성지시(正盛之時) : 전성기, 융성기 • 거신(居身) : 몸을 둠, 자리를 차지하는 것 • 독후지야(獨後之也) : 홀로 뒤진 자리, 남들이 탐내지 않는 한적한 자리.

菜根譚 아주 작은 일부터 삼가해야 한다

근 덕　　　수 근 어 지 미 지 사
謹德은　須謹於至微之事하고

시 은　　　무 시 어 불 보 지 인
施恩은　務施於不報之人하라.

○ 풀이　　덕을 사가는 데는 모름지기 아주 작은 일부터 삼갈 것이며, 은혜 베풂은 힘써 갚지 못할 사람에게 베풀지니라.

○ 주해　　근덕(謹德) : 덕행을 삼감 • 수(須) : 모름지기 • 지미지사(至微之事) : 극히 작은 일, 아주 작은 일 • 시은(施恩) : 은혜를 베푸는 것 • 무시(務施) : 힘써 베풀어라 • 불보지인(不報之人) : 갚을 능력이 없는 사람.(매우 딱한 처지에 있는 사람.)

오늘을 사는 사람의 행실

교 시 인　　불 여 우 산 옹　　알 주 문　　불 여 친 백 옥
交市人은 不如友山翁하고 謁朱門은 不如親白屋하며

청 가 담 항 어　　불 여 문 초 가 목 영
聽街談巷語는 不如聞樵歌牧詠하고

담 금 인 실 덕 과 거　　불 여 술 고 인 가 언 의 행
談今人失德過擧는 不如述古人嘉言懿行이니라.

○ 풀이　　시정(저자나 번화가에 사는 사람)의 사람과 사귀는 것은 산골의 늙은이를 벗 삼는 것만 같지 못하고, 고관대작의 집을 찾는 것은 초가집과 친숙함만 같지 못하며 거리의 뜬소문을 들음은 나무꾼과 목동의 노래에 귀 기울이는 것만 같지 못하고, 오늘을 사는 사람의 부덕과 과오를 논함은 옛사람의 아름다운 말씀과 착한 행실을 이야기하는 것만 같지 못하다.

○ 주해　　시인(市人) : 저자나 번화가에 사는 사람 • 산옹(山翁) : 두메산골에 사는 늙은이 • 알주문(謁朱門) : 고관을 찾아뵙는 것, 신분이 높은 사람의 집은 대분에 붉게 칠했음 • 백옥(白屋) : 초라한 오막살이, 초가집 • 가담항어(街談巷語) : 거리에 떠도는 뜬소문 • 초가목영(樵歌牧詠) : 나무꾼과 목동의 노래 • 과거(過擧) : 잘못된 행실 • 가언(嘉言) : 착한 말씀, 아름다운 말씀 • 의행(懿行) : 훌륭한 행실, 아름다운 행실, 착한 행실.

남을 의심하는 사람

신인자　　인미필진성　　기칙독성의
信人者는 人未必盡誠이나 己則獨誠矣요

의인자　　인미필개사　　기칙선사의
疑人者는 人未必皆詐나 己則先詐矣니라.

○ 풀이　　남을 믿는 사람은 남이 반드시 모두 성실해서가 아니라 자기만은 홀로 성실하기 때문이요, 남을 의심하는 사람은 남이 반드시 모두 속여서가 아니라 자신이 먼저 속이기 때문이다.

○ 주해　　인(人) : 남 • 미필(未必) : 꼭 ~한 것은 아니다, 반드시 ~하지는 않는다 • 기(己) : 자기 • 독성(獨誠) : 홀로 성실함 • 의인(疑人) : 남을 의심하는 것 • 개사(皆詐) : 모두 속임

마음이 너그럽고 후한 사람

염두관후적   여춘풍후육   만물   조지이생
念頭寬厚的은 如春風煦育하며 萬物이 遭之而生하고

염두기각적   여삭설음응   만물   조지이사
念頭忌刻的은 如朔雪陰凝하여 萬物이 遭之而死니라.

○ 풀이 　마음이 너그럽고 후한 사람은 마치 봄바람이 따뜻하게 길러주는 것처럼 만물이 이를 만나면 살아나고, 마음이 의심 많고 각박한 사람은 마치 겨울의 찬바람이 얼어붙게 하는 것처럼 만물이 이를 만나면 죽게 된다.

○ 주해 　염두(念頭) : 생각, 마음 • 적(的) : 접미사. 본문에서는 사람(者)을 뜻함 • 후육(煦育) : 따뜻하게 기름 • 조(遭) : 만남, 조우(遭遇) • 기각(忌刻) : 시기하고 각박함, 의심 많고 각박함, 편협하고 냉혹함 • 삭설(朔雪) : 북녘의 눈, 북풍한설. 삭(朔)은 북방을 뜻함 • 음응(陰凝) : 싸늘하게 얼어붙은 것.

내 허물은 용서해서는 안 된다

인 지 과 오　　의 서　　　이 재 기 칙 불 가 서
人之過誤는 宜恕로되 而在己則不可恕요

기 지 곤 욕　　당 인　　　이 재 인 칙 불 가 인
己之困辱은 當忍이로되 而在人則不可忍이니라.

○ 풀이　　남의 허물은 마땅히 용서해야 하지만 나의 허물은 용서해서는 안 된다. 나의 곤궁은 마땅히 참아야 하지만 남의 곤궁은 참아서는 안 된다.

○ 주해　　의(宜) : 마땅히 • 서(恕) : 용서함 • 곤욕(困辱) : 곤궁과 욕됨 • 불가인(不可忍) : 참아서는 아니 됨, 그냥 보아 넘겨서는 아니 됨, 방관하지 말아야 함.

차차 너그러워져야 한다

은 의 자 담 이 농 선 농 후 담 자 인 망 기 혜
恩宜自淡而濃이니 先濃後淡者는 人忘其惠하고

위 의 자 엄 이 관 선 관 후 엄 자 인 원 기 혹
威宜自嚴而寬이니 先寬後嚴者는 人怨其酷이니라.

○ 풀이 은혜는 마땅히 엷게 베풀다가 차차 짙게 베풀어야 한다. 먼저 짙고 나중에 엷으면 사람들은 은혜를 잊게 된다. 위엄은 마땅히 엄하게 하다가 차차 너그러워져야 한다. 먼저 너그럽고 나중에 엄하면 사람들은 혹독함을 원망하게 된다.

○ 주해 자담이농(自淡而濃) : 엷음에서 차츰 짙음으로 나아감, 처음에는 박한 듯하나 점차 후하게 대함 • 자엄이관(自嚴而寬) : 엄하다가 차차 너그러워짐 • 혹(酷) : 가혹, 혹독.

🈯 거울을 들여다보면서 먼지를 더하는 것과 같다

심 허 칙 성 현   불 식 심 이 구 견 성   여 발 파 멱 월
心虛則性現하나니 不息心而求見性은 如撥波覓月이요

의 정 칙 심 청   불 료 의 이 구 명 심   여 색 경 증 진
意淨則心淸하나니 不了意而求明心은 如索鏡增塵이니라.

○ 풀이　마음을 비우면 본성이 나타나니, 마음을 안정케 하지 않으면서 본성을 구함은 마치 물결을 헤쳐 달을 찾는 것과 같다. 뜻이 맑으면 마음도 맑아지는 것인데, 뜻은 밝게 하지 않으면서 마음만 밝아지기를 구함은 마치 거울을 들여다보면서 먼지를 더하는 것과 같다.

○ 주해　성(性) : 본성 • 불식(不息) : 쉬지 않음, 가라앉히지 않음. 진정시키지 않음 • 견성(見性) : 본성을 찾음, 본성을 깨닫는 것 • 발파(撥波) : 물결을 일으킴 • 멱월(覓月) : 달을 찾음 • 요의 (了意) : 뜻을 밝게 하다 • 색경(索鏡) : 거울을 찾음. 거울을 봄 • 증진(增塵) : 먼지를 더함.

하늘과 한 몸이 되는 것

심 체　　변 시 천 체　　일 념 지 희　　경 성 경 운
心體는 便是天體라. 一念之喜는 景星慶雲이요

일 념 지 노　　진 뢰 폭 우　　일 념 지 자　　화 풍 감 로
一念之怒는 震雷暴雨요 一念之慈는 和風甘露요

일 념 지 엄　　열 일 추 상　　하 자 소 득
一念之嚴은 烈日秋霜이니 何者少得이리오.

지 요 수 기 수 멸　　확 연 무 애　　변 여 태 허 동 체
只要隨起隨滅하여 廓然無碍니 便與太虛同體니라.

○ 풀이　　마음의 본바탕은 바로 천체와 같다. 하나의 기쁨은 반짝이는 별이며 상서로운 구름이요, 하나의 노여움은 진동하는 우레이며 세찬 비다. 하나의 엄격함은 뜨거운 햇볕이며 가을 서리이니, 어느 것인들 없어서야 되겠는가! 다만 때에 따라 일어나고 때에 따라 스러져서 넓고 막힘이 없으면 곧 하늘과 한 몸이 되는 것이다.

○ 주해　　심체(心體) : 마음의 본체, 마음의 본바탕 • 경성(景星) : 빛나는 별, 반짝이는 별 • 경운(慶雲) : 상서로운 구름 • 진뢰폭우(震雷暴雨) : 진동하는 우레와 세찬 비 • 자(慈) : 자비로움, 자애 • 화풍감로(和風甘露) : 따뜻한 바람과 단 이슬 • 열일(烈日) : 한여름의 뜨거운 햇볕 • 추상(秋霜) : 가을서리 • 하자소득(何者少得) : 그 어느 것도 없어서야 되겠는가, 그 어느 것도 적어서야 되겠는가, 소(少)는 적다는 뜻 • 수기(隨起) : 때에 따라 일어남 • 확연(廓然) : 넓고 텅 비어 있음 • 무애(無碍) : 막힘이 없음, 걸림이 없음, 장애가 없음 • 태허(太虛) : 가없이 넓은 하늘.

고요하고 밝은 슬기

무 사 시　　심 이 혼 명
無事時엔 心易昏冥하나니

의 적 적 이 조 이 성 성
宜寂寂而照以惺惺하고

유 사 시　　심 이 분 일
有事時엔 心易奔逸하나니

의 성 성 이 주 이 적 적
宜惺惺而主以寂寂하라.

○ 풀이　　일이 없을 때에는 마음이 어두워지기 쉬우니, 마땅히 고요하고 밝은 슬기로써 비추어야 한다. 일이 있을 때에는 마음이 흐트러지기 쉬우니, 마땅히 밝은 슬기로써 깨우치고 고요함을 으뜸으로 삼아야 한다.

○ 주해　　혼명(昏冥) : 어두컴컴함, 혼미함 • 의(宜) : 마땅히 • 적적(寂寂) : 고요함 • 성성(惺惺) : 마음의 밝은 슬기, 마음이 슬기롭게 깨어 있음 • 분일(奔逸) : 달아나 흩어지는 것.

자신을 일의 가운데에 두어야 한다

議事者는 身在事外하여 宜悉利害之情이요

任事者는 身居事中하여 當忘利害之慮니라.

○ 풀이　　일을 논의하는 사람은 자신을 일의 밖에 두어 마땅히 이해의 실정을 알아야 하고, 일을 맡은 사람은 자신을 일의 가운데에 두어 마땅히 이해에 대한 생각을 잊어야 한다.

○ 주해　　의사(議事) : 일을 논의함, 일을 의논함 • 신재사외(身在事外) : 몸을 일의 밖에 둠, 객관적인 입장을 취함 • 실(悉) : 모두 • 정(情) : 실정, 실상 • 임사(任事) : 일을 맡음 • 신거사중(身居事中) : 몸을 일의 가운데에 둠, 일에 철저하게 몰두하는 것 • 여(慮) : 생각, 고려.

지조와 행실을 바르고 분명히 해야 한다

사군자   처권문요로   조리요엄명   심기요화이
士君子가 處權門要路면 操履要嚴明하고 心氣要和易하여

무소수이근성전지당   역무과격이범봉채지독
毋少隨而近腥羶之黨하고 亦毋過激而犯蜂蠆之毒이니라.

○ 풀이   선비가 권세 있는 요직에 앉게 되면 지조와 행실을 바르고 분명히 해야 하고, 마음을 부드럽고 평이하게 해야 하며, 조금이라도 비린내 나는 무리를 가까이해서는 안 되며 또한 과격하여 악랄한 무리의 독침을 건드리지도 말아야 한다.

○ 주해   사군자(士君子) : 학문과 덕행이 높은 선비 • 권문(權門) : 권세 있는 집안, 권문세가 • 요로(要路) : 중요한 지위, 요직 • 조리(操履) : 지조와 행실 • 요(要) : 마땅히, 모름지기 • 엄명(嚴明) : 엄정하고 분명함 • 심기(心氣) : 마음 • 화이(和易) : 온화하고 평이함, 부드럽고 태평함 • 소(少) : 조금도, 추호도 • 수(隨) : 기분에 따라, 멋대로 • 성전지당(腥羶之黨) : 비린내 나는 무리. 성(腥)은 생선 비린내, 전(羶)은 짐승고기의 비린내. 곧 이권과 사리사욕에 혈안이 된 자들 • 봉채지독(蜂蠆之毒) : 벌과 전갈의 독침, 소인들의 해악.

🪷 내 사람으로 만들려거든

우 기 사 적 인   이 성 심 감 동 지   우 폭 려 적 인
遇欺詐的人이어든 以誠心感動之하고 遇暴戾的人이어든

이 화 기 훈 증 지   우 경 사 사 곡 적 인
以和氣薰蒸之하며 遇傾邪私曲的人이어든

이 명 의 기 절 격 려 지   천 하   무 불 입 아 도 야 중 의
以名義氣節激勵之면 天下에 無不入我陶冶中矣리라.

○ 풀이   속이는 사람을 만나거든 성실한 마음으로 그를 감동시키고, 난폭한 사람을 만나거든 부드러운 기운으로 그를 감화시키며, 마음이 비뚤어져 사욕만을 탐하는 사람을 만나거든 대의명분과 기개절조로 그를 격려해야 한다. 그렇게 하면 이 세상에서 나의 도야(陶冶) 속으로 들어오지 않을 사람은 결코 없을 것이다.

○ 주해   우(遇) : 만남, 조우(遭遇) • 기사(欺詐) : 사기, 속임수 • 적(的) : ~의 • 폭려(暴戾) : 사나움, 난폭하여 도리에 어긋남 • 훈증(薰蒸) : 향을 피워 나쁜 냄새를 없앰, 감화케 함 • 경사(傾邪) : 마음이 나쁜 방면으로 기울어지는 것 • 사곡(私曲) : 사리사욕을 탐함 • 명의기적(名義氣節) : 명분, 의리, 기개, 절조 • 격려(激勵) : 부추김, 감동케 하여 장려함 • 도야(陶冶) : 도(陶)는 질그릇, 야(冶)는 쇠를 녹이는 것, 갈고 닦는 것, 교화시킴.

📜 본성을 온전히 하는 길

음모괴습   이행기능   구시섭세적화태
陰謀怪習은 異行奇能은 俱是涉世的禍胎니

지 일 개 용 덕 용 행   변 가 이 완 혼 돈 이 소 평 화
只一個庸德庸行이 便可以完混沌而召平和이니라.

○ 풀이   음흉한 계략, 괴상한 버릇, 이상한 행동, 기이한 능력 등은 모두 세상을 살아가는 데 있어 재앙을 부르는 씨가 된다. 오직 하나의 평범한 덕행만이 본성을 온전히 하여 화평을 부를 수 있다.

○ 주해   음모(陰謀) : 음흉한 계략, 음흉한 모략 • 괴습(怪習) : 괴상한 버릇, 괴상한 습관 • 이행(異行) : 이상한 행동 • 기능(奇能) : 기이한 능력 • 구(俱) : 모두, 다 • 섭세(涉世) : 세상을 살아감 • 적(的) : ~의 • 화태(禍胎) : 재앙의 모태, 재앙의 근본, 재앙의 씨 • 용덕용행(庸德庸行) : 평범한 덕행 • 완(完) : 온전히 함 • 혼돈(混沌) : 하늘과 땅이 구분되지 않았던 개벽 이전의 세계. 이 장에서는 타고난 성품, 때 묻지 않은 덕성을 뜻함.

순탄치 못한 세상길

어 운 등 산 내 측 로 답 설 내 위 교
語에 云하되 登山耐側路하고 踏雪耐危橋라 하니

일 내 자 극 유 의 미 여 경 험 지 인 정 감 가 지 세 도
一耐字는 極有意味로다. 如傾險之人情과 坎坷之世道에

약 부 득 일 내 자 탱 지 과 거 기 하 불 타 입 진 망 갱 참 재
若不得一耐字撑持過去면 幾何不墮入榛莽坑塹哉리오.

○ 풀이 옛말에 이르기를 '산을 오를 때는 비탈길을 견디어 내고, 눈을
밟을 때는 위태로운 다리를 건너는 것을 견디라.'고 했으니 이 견딜 내
(耐) 자에 깊은 의미가 있다. 만약 비뚤어진 험한 인정과 순탄치 못한 세
상길에서 이 내(耐) 자 하나를 붙잡고 버티어 나가지 못한다면 어찌 가
시덤불과 구덩이에 빠지지 않으리오.

○ 주해 어(語) : 옛말, 속담, 격언 • 측로(側路) : 험한 비탈길 • 답설(踏雪) :
눈길을 걸음 • 위교(危橋) : 위태로운 다리 • 극(極) : 궁극 • 경험(傾險) : 비뚤
어지고 험악함, 음험함 • 감가(坎坷) : 울퉁불퉁함, 험난함, 순탄하지 못함 •
탱지(撑持) : 지탱, 붙잡고 견딤, 버티어 나감 • 타입(墮入) : 떨어져 들어가는
것 • 진망(榛莽) : 가시덤불 • 갱참(坑塹) : 구덩이와 도랑.

⚱ 오직 공정해야 한다

거 관　　유 이 어　　　왈　유 공 즉 생 명　　　유 렴 즉 생 위
居官에 有二語하니 曰 惟公則生明하고 惟廉則生威요

거 가　　유 이 어　　　왈　유 서 즉 정 평　　　유 검 족 용 족
居家에 有二語하니 曰 惟恕則情平하고 惟儉則用足이니라

○ 풀이　　공직생활에는 두 마디 말이 있으니, 오직 공정하면 밝은 지혜
가 생기고, 오직 청렴하면 위엄이 생긴다는 것이다. 집안일에는 두 마디
말이 있으니, 오직 용서하면 불평이 없고, 오직 검소하면 쓰임이 넉넉하
다는 것이니라.

○ 주해　　거관(居官) : 벼슬살이를 함, 관직에 있음 • 공(公) : 공평무사함 • 명
(明) : 밝은 지혜, 명석한 판단 • 염(廉) : 청렴함 • 생위(生威) : 위엄이 생김, 위
신을 높임 • 거가(居家) : 집에 있음, 집안을 다스림 • 서(恕) : 용서함, 관용을 베
품 • 정평(情平) : 불평이 없음 • 검(儉) : 검소함, 검약함 • 용(用) : 쓰임, 비용.

남의 고달픔을 생각해야 한다

처 부 귀 지 지   요 지 빈 천 적 통 양
處富貴之地에는 要知貧賤的痛癢하고

당 소 장 지 시   수 념 쇠 로 적 신 산
當少壯之時에는 須念衰老的辛酸이니라.

○ 풀이　부귀한 자리에 있을 때에 마땅히 가난하고 천한 사람의 고통을 알아야 하고, 젊을 때에 모름지기 늙고 쇠약한 사람의 고달픔을 생각해야 한다.

○ 주해　통양(痛癢) : 고통, 쓰라림 • 소장지시(少壯之時) : 젊은 시절 • 쇠로(衰老) : 늙고 쇠약함 • 신산(辛酸) : 괴로움, 고달픔, 밉고 신 것.

소인과 원수를 맺어서는 안 된다

휴 여 소 인 구 수   소 인   자 유 대 두
休與小人仇讐하라. 小人은 自有對頭니라.

휴 향 군 자 첨 미   군 자   원 무 사 혜
休向君子諂媚하라. 君子는 原無私惠니라.

○ 풀이　　소인과 원수를 맺지 말라. 소인은 그 나름으로 상대가 있느니라. 군자에게 아부하지 말라. 군자는 본시 사사로운 은덕을 베풀지 않느니라.

○ 주해　　휴(休) : ~하지 말라, 그쳐라 • 구수(仇讐) : 원수 • 대두(對頭) : 짝 • 첨미(諂媚) : 아첨함, 아부함 • 사혜(私惠) : 사사로운 은혜, 사사로운 은덕.

🌸 이론에 집착하는 병은 고치기 힘들다

종욕지병　　가의　　이집리지병　　난의
縱欲之病은 可醫나 而執理之病은 難醫하고

사물지장　　가제　　이의리지장　　난제
事物之障은 可除나 而義理之障은 難除니라.

○ 풀이　　욕심에 얽매인 병은 고칠 수 있지만 이론에 집착하는 병은 고치기 힘들고, 사물에 의한 막힘은 없앨 수 있지만 의리에 의한 막힘은 없애기 힘든 것이다.

○ 주해　　종욕(縱欲) : 마음이 내키는 대로 부리는 욕심 • 의(醫) : 치료함, 병을 고침 • 집리(執理) : 이론에 집착함, 이론을 고집하는 것 • 사물지장(事物之障) : 사물에 의한 막힘, 사물에 의한 장애 • 가제(可除) : 없앨 수 있음, 제거할 수 있음 • 난제(難除) : 없애기 힘듦.

급히 이룬 것은 의미가 없다

마려　　　당여백련지금　　　급취자　　　비수양
磨礪는　當如百煉之金이니　急就者는　非邃養이니

시위　　　의사천균지노　　　경발자　　　무굉공
施爲는　宜似千鈞之弩니　輕發者는　無宏功이니라.

○ 풀이　　갈고 닦음은 마땅히 백 번 단련한 쇠와 같아야 하니, 급히 이룬
것은 깊은 수양이 아니다. 일을 실천함은 마땅히 천균의 돌로 만든 활과
같아야 하니, 가벼이 쏘면 큰 공이 없다.

○ 주해　　마려(磨礪) : 수양함, 갈고 닦음 • 백련(百煉) : 여러 번 단련함 • 급취
(急就) : 급하게 성취함 • 수양(邃養) : 깊은 수양 • 시위(施爲) : 일을 실천함 •
천균(千鈞) : 1균은 30근, 아주 무겁다는 뜻임 • 노(弩) : 돌로 만든 활 • 경발
(輕發) : 가벼이 쏨, 경솔하게 일을 시작함 • 무굉공(無宏功) : 큰 공을 이룰 수
없음.

진실로 경계해야 한다

수인지은　　수심불보　　원즉천역보지
受人之恩에는 雖深不報나 怨則淺亦報之하고

문인지악　　수은불의　　선즉현역의지
聞人之惡에는 雖隱不疑나 善則顯亦疑之하나니

차각지극　　박지우야　　의절계지
此刻之極이요 薄之尤也니 宜切戒之니라.

○풀이　　남의 은혜 받음은 비록 깊어도 갚지 않으나 원한은 얕아도 갚고, 남의 악을 들으면 비록 뚜렷하지 않아도 의심치 않으나 착함은 뚜렷해도 의심한다. 이는 바로 각박함의 극치요, 야박하기 이를 데 없는 것이니 마땅히 진실로 경계해야 한다.

○주해　　심(深) : 깊음 • 불보(不報) : 깊지 않음, 보답하지 않음 • 원(怨) : 원한 • 천(淺) : 얕음 • 은(隱) : 뚜렷하지 않음, 확실치 않음 • 현(顯) : 드러남, 확실함 • 각지극(刻之極) : 각박함의 극치, 각박함이 극단에 이름 • 박지우(薄之尤) : 야박하기 더할 나위 없음, 박하기 이를 데 없음 • 절(切) : 간절히, 절실하게, 진실로.

🏷 계곡이 감도는 곳에는 초목이 우거진다

산 지 고 준 처　　　무 목　　　　이 계 곡 회 환　　　즉 초 목　　총 생
山之高峻處에는　無木이로되　而谿谷廻環이면　則草木이　叢生하고

수 지 단 급 처　　　무 어　　　이 연 담 정 축　　　　즉 어 별　　취 집
水之湍急處에는　無魚로되　而淵潭停蓄이면　則魚鼈이　聚集하나니

차 고 절 지 행　　　편 급 지 충　　　군 자 중 유 계 언
此高絶之行과　褊急之衷은　君子重有戒焉이니라.

○ 풀이　　산이 높고 가파른 곳에는 나무가 없으나, 계곡이 감도는 곳에는 초목이 우거지고, 물살이 세고 급한 곳에는 고기가 없으나 못이 깊고 고요하면 물고기, 자라가 모여들게 된다. 이와 같이 높고 뛰어난 행실과 성급한 마음을 군자는 거듭 경계해야 한다.

○ 주해　　고준(高峻) : 높고 험준함 • 회환(廻環) : 굽이굽이 감돌다 • 총생(叢生) : 무성하게 자람, 우거짐, 떨기로 자라남 • 단급처(湍急處) : 물살이 세고 급한 곳 • 연담(淵潭) : 연못 • 정축(停蓄) : 머물러 쌓임, 정지하여 괴는 것 • 어별(魚鼈) : 물고기와 자라 • 취집(聚集) : 모여듦 • 고절지행(高絶之行) : 높고 탁월한 행실, 지나치게 고상한 행실 • 편급(褊急) : 성미가 좁고 급함 • 충(衷) : 마음.

지나치면 천박하다

검　　미 덕 야　　과 즉 위 간 린　　위 비 색　　반 상 아 도
儉은 美德也나 過則爲慳吝하고 爲鄙嗇하여 反傷雅道하며

양　　의 행 야　　과 즉 위 족 공　　위 곡 근　　다 출 기 심
讓은 懿行也나 過則爲足恭하고 爲曲謹하여 多出機心이니라.

○ 풀이　　검소함과 절약은 아름다운 덕이지만 지나치면 인색하고 천박하여 도리어 올바른 도리를 해치게 된다. 겸손함과 양보는 아름다운 행실이지만 지나치면 비굴함과 아부가 되어 꾸미는 마음이 드러나게 된다.

○ 주해　　간린(慳吝) : 인색함 • 비색(鄙嗇) : 비루하고 인색함, 천박하고 인색함 • 반상아도(反傷雅道) : 도리어 올바른 도리를 해침 • 의행(懿行) : 아름다운 행실 • 족공(足恭) : 너무 공손함, 아부 • 곡근(曲謹) : 너무 조심함 • 기심(機心) : 꾸미는 마음, 엿보는 마음, 불순한 속셈.

오래 편안함을 믿지 말아야 한다

무 우 불 의　　　무 희 쾌 심　　　무 시 구 안　　　무 탄 초 난
母憂拂意하고 母喜快心하며 母恃久安하고 母憚初難하라.

○ 풀이　　뜻대로 되지 않음을 걱정하지 말고, 마음에 통쾌함을 기뻐하지 말라. 오래 편안함을 믿지 말고 처음의 어려움을 두려워하지 말라.

○ 주해　　불의(拂意) : 일이 뜻대로 되지 않음 • 쾌심(快心) : 일이 잘되어 마음에 흡족함, 마음에 통쾌함 • 구안(久安) : 오랫동안 편안함 • 무탄초난(母憚初難) : 처음의 어려움을 두려워하지 말라. 탄(憚)은 꺼리다, 두려워하다의 뜻임.

어진 사람과 천박한 사람

인 인　　심 지 관 서
仁人은 心地寬舒라

변 복 후 이 경 장　　사 사 성 개 관 서 기 상
便福厚而慶長하요 事事成個寬舒氣象하고

비 부　　염 두 박 촉
鄙夫는 念頭迫促이라

변 녹 박 이 택 단　　사 사 득 개 박 촉 규 모
便祿薄而澤短하여 事事得個薄促規模일지니라.

○ 풀이　어진 사람은 마음이 너그럽고 넉넉하여 복이 두텁고, 경사도 오래 가며 하는 일마다 너그러운 기상을 이루게 된다. 천박한 사람은 마음이 좁고 급하여 복록도 박하고 은택도 짧으며 하는 일마다 옹졸한 모양을 이루게 된다.

○ 주해　심지(心地) : 마음 • 관서(寬舒) : 너그럽고 느긋함, 너그럽고 서둘지 않음 • 경장(慶長) : 경사가 오래 감 • 비부(鄙夫) : 비루한 사람, 천박한 사람 • 염두(念頭) : 생각, 마음 • 박촉(迫促) : 좁고 급함 • 녹(祿) : 천록, 복록 • 택(澤) : 은혜, 은택 • 규모(規模) : 생긴 모습, 모양.

상황에 따라 신속하게 대처해야 한다

풍 사 우 급 처　　요 입 득 각 정
風斜雨急處에 要立得脚定하고

화 농 류 염 처　　요 착 득 안 고
花濃柳艶處엔 要着得眼高하며

노 위 경 험 처　　요 회 득 두 조
路危徑險處엔 要回得頭무니라.

○ 풀이　　바람이 세차고 빗발이 급하게 쏟아지는 곳에서는 다리를 꿋꿋
이 세워야 하고, 꽃이 흐드러지고 버들빛이 짙은 곳에서는 눈을 높이 두
어야 하며, 길이 위태롭고 험한 곳에서는 머리를 재빨리 돌려야 한다.

○ 주해　　풍사우급(風斜雨急) : 바람이 비껴 불고 빗발이 급하게 쏟아짐. 어지
러운 세상을 뜻함 • 요(要) : 모름지기 ~해야 한다, 마땅히 ~ 해야 한다 • 화농
류염처(花濃柳艶處) : 꽃이 흐드러지고 버들빛이 짙은 곳, 영화롭고 순탄한 환
경을 뜻함. 술과 여인이 있는 환락가로 풀이하기도 함 • 착득안고(着得眼高) :
눈을 들어 높은 곳을 봄. 보다 차원 높은 정신적 경지에 마음을 둠 • 노위경험
처(路危徑險處) : 길이 위태롭고 소로가 험한 곳. 경(徑)은 소로, 오솔길, 지름
길을 뜻함 • 회득두조(回得頭早) : 머리를 돌려 재빨리 물러섬.

절의가 있는 사람

절 의 지 인　　제 이 화 충　　　재 불 계 분 쟁 지 로
節義之人은 濟以和衷이라야 纔不啓忿爭之路하고

공 명 지 사　　승 이 겸 덕　　　방 불 개 질 투 지 문
功名之士는 承以謙德이라야 方不開嫉妬之門이니라.

○ 풀이　　절의가 있는 사람은 온화한 마음을 길러야 비로소 성내고 다투는 길을 열지 않을 것이며, 공명을 누리는 사람은 겸손하고 양보하는 덕을 이어야 바야흐로 질투의 문을 열지 않게 된다.

○ 주해　　제(濟) : 구제함, 보충함, 보완함 • 화충(和衷) : 온화한 마음, 화평한 마음, 충(衷)은 마음을 뜻함 • 재(纔) : 겨우, 비로소, 잠깐 • 불계(不啓) : 열지 않음 • 분쟁(忿爭) : 성내어 다툼 • 승이겸덕(承以謙德) : 겸손한 덕을 이어받음.

백성을 두려워해야 한다

대인   불가불외   외대인즉무방일지심
大人은 不可不畏니 畏大人則無放逸之心하고

소민   역불가불외   외소민즉무호횡지명
小民도 亦不可不畏니 畏小民則無豪橫之名이니라.

○ 풀이   대인을 두려워하지 않으면 안 되니, 대인을 두려워한즉 방종한 마음이 없어지리라. 백성도 또한 두려워하지 않으면 안 되니, 백성을 두려워한즉 교만하고 횡포하다는 이름이 없어지리라.

○ 주해   대인(大人) : 학문과 덕망이 높은 사람. 대덕지인(大德之人)을 뜻함 • 불가불(不可不) : ~하지 않을 수 없다, ~하지 않으면 안 된다 • 외(畏) : 두려워한 , 겁냄 • 방일(放逸) : 방종 • 소민(小民) : 백성 • 호횡(豪橫) : 호기롭고 횡포함, 교만하고 횡포함.

나보다 나은 사람을 생각하라

사 초 불 역　　변 사 불 여 아 적 인　　즉 원 우 자 소
事稍拂逆에 便思不如我的人이면 則怨尤自消하고

심 초 태 황　　변 사 승 사 아 적 인　　즉 정 신 자 분
心稍怠荒에 便思勝似我的人이면 則精神自奮이니라.

○ 풀이　　일이 조금이라도 뜻에 어긋날 때는 곧 나만 못한 사람을 생각
하라. 그러면 원망이 저절로 사라지게 된다. 마음이 조금이라도 게을러
질 때는 곧 나보다 나은 사람을 생각해라. 그러면 정신이 저절로 분발하
게 된다.

○ 주해　　초(稍) : 조금 • 불역拂(逆) : 뜻대로 되지 않음, 마음에 어긋남 • 불여
아(不如我) : 나보다 못함 • 원우(怨尤) : 원망하고 허물함, 원망하고 나무람 •
자소(自消) : 저절로 소멸됨, 절로 사라짐 • 태황(怠荒) : 게으르고 거칠어짐 •
변(便) : 문득 • 승사아(勝似我) : 나보다 나음, 나보다 뛰어남 • 자분(自奮) : 저
절로 분발함, 스스로 분투함.

일의 마무리를 소홀히 해서는 안 된다

불 가 승 희 이 경 락   불 가 인 취 이 생 진
不可乘喜而輕諾하고 不可因醉而生嗔하며

불 가 승 쾌 이 다 사   불 가 인 권 이 선 종
不可乘快而多事하고 不可因倦而鮮終이니라.

○ 풀이   기쁨에 들떠 가벼이 승낙해서는 안 되고, 술 취함으로 인해 화
를 내어서도 안 된다. 유쾌함에 들떠 일을 많이 떠벌여서도 안 되고, 고
달프다고 해서 일의 마무리를 소홀히 해서는 안 된다.

○ 주해   승희(乘喜) : 기쁨에 들떠 • 경낙(輕諾) : 가벼이 허락함, 경솔하게 승
낙함 • 인취(因醉) : 술취한 까닭에, 취기로 인하여 • 생진(生嗔) : 성을 내다,
화를 냄 • 다사(多事) : 일을 많이 떠벌임 • 인권(因倦) : 피곤함 때문에, 권태로
운 까닭에, 고달프다고 해서 • 선종(鮮終) : 마무리를 소홀히 함, 끝맺음을 제
대로 못 함.

🏮 천벌을 받을 사람들

천 현 일 인　　　이 회 중 인 지 우
天賢一人하여　以誨衆人之愚어늘

이 세 반 령 소 장　　　이 형 인 지 단
而世反逞所長하여　以形人之短하고

천 부 일 인　　　이 제 중 인 지 곤
天富一人하여　以濟衆人之困이어늘

이 세 반 협 소 유　　　이 능 인 지 빈　　　진 천 지 륙 민 재
而世反挾所有하여　以凌人之貧하나니　眞天之戮民哉로다.

○ 풀이　　하늘은 한 사람을 현명하게 하여 여러 사람의 어리석음을 깨우치게 하였는데, 세상에서는 도리어 자신의 잘하는 바를 으스대며 남의 모자람을 들추어낸다. 하늘은 한 사람을 잘살게 하여 여러 사람의 곤궁함을 건지게 하였는데 세상에서는 도리어 자신이 가진 것을 믿고 남의 가난을 업신여긴다. 참으로 천벌을 받을 사람들이다.

○ 주해　　회(誨) : 가르치다, 깨우침 • 반(反) : 도리어, 오히려 • 령소장(逞所長) : 자신의 장점을 으시댐, 자신의 잘하는 바를 뽐냄 • 형인지단(形人之短) : 남의 모자람을 들추어냄, 다른 사람의 단점을 드러냄 • 제(濟) : 구제함, 건짐 • 곤(困) : 곤궁 • 협소유(挾所有) : 가진 것을 믿고서, 재산에 의지하여 • 능(凌) : 업신여김, 능멸 • 진(眞) : 진정, 참으로 • 천지륙민(天之戮民) : 하늘의 저주를 받을 사람, 천벌을 받을 백성. 육(戮)은 살(殺 : 죽이다), 욕(辱 : 욕되다)의 뜻임.

🪷 어린이는 어른의 씨앗이다

자 제 자　　대 인 지 배 태
子弟者는 大人之胚胎요

수 재 자　　사 부 지 배 태　　　차 시　　약 화 력 부 도
秀才者는 士夫之胚胎니 此時에 若火力不到하여

도 주 불 순　　　　타 일　　섭 세 입 조　　　종 난 성 개 영 기
陶鑄不純하면 他日에 涉世立朝하여 終難成個令器니라.

○ 풀이　　어린이는 어른의 씨앗이요, 수재는 사대부의 씨앗이다. 이때에
만약 불길이 이르지 못하여 단련이 잘되지 못하면 뒷날 세상을 살아가
거나 조정에 서게 될 때에 끝내 훌륭한 인물이 되지 못한다.

○ 주해　　자제(子弟) : 어린이, 학생 • 대인(大人) : 어른 • 배태(胚胎) : 씨앗,
싹, 알, 태아 • 수재(秀才) : 재능이 뛰어난 사람. 여기서는 과거합격생의 칭호
임 • 사부(士夫) : 사대부 • 부도(不到) : 이르지 못함, 미치지 못함 • 도주(陶鑄)
: 도(陶)는 흙을 구워서 만든 질그릇. 주(鑄)는 쇳물을 형틀에 부어서 만든 금
속제품(단련, 도야를 뜻함) • 불순(不純) : 완전치 못함, 순수하지 못함 • 섭세
(涉世) : 세상을 살아감, 처세 • 입조(立朝) : 조정에 들어가 벼슬아치가 됨 • 영
기(令器) : 아름다운 그릇, 좋은 그릇, 훌륭한 인재.

자연에 묻혀 사는 즐거움

담 산 림 지 락 자　　미 필 진 득 산 림 지 취
談山林之樂者는 未必眞得山林之趣요

염 명 리 지 담 자　　미 필 진 망 영 리 지 정
厭名利之談는 未必盡忘名利之情이니라.

○ 풀이　　자연에 묻혀 사는 즐거움을 말하는 이는 아직 전원생활의 참
맛을 알지 못하고 있으며, 명리를 말하기 싫어하는 이는 아직 명리에 대
한 생각을 잊지 못하고 있다.

○ 주해　　산림지락(山林之樂) : 자연에 묻혀 사는 즐거움, 전원생활의 즐거
움 • 진득(眞得) : 참으로 깨닫다, 진정으로 알다, 진실로 터득하다 • 취(趣) :
취미, 맛, 아취(雅趣). • 염(厭) : 명예와 이익 • 정(情) : 뜻, 생각, 마음, 미련.

낚시는 물고기의 생살권을 쥐고 있다

조수 일사야 상지생살지병
釣水는 逸事也나 尙持生殺之柄하고

혁기 청희야 차동전쟁지심
奕棊는 淸戲也나 且動戰爭之心하나니

가견희사 불여생사지위적
可見喜事는 不如省事之爲適하고

다능 불약무능지전진
多能은 不若無能之全眞이니라.

○ 풀이 　낚시는 한가한 일이지만 오히려 살리고 죽이는 권세를 쥐고 있고, 바둑과 장기는 깨끗한 놀음이지만 또한 전쟁하는 마음이 꿈틀거린다. 이로서도 알 수 있듯이 일은 즐기는 것은 일을 덜어 유유히 지냄만 같지 못하고, 재주가 많음은 능력이 없이 참마음을 지키는 것만 같지 못한 것이다.

○ 주해 　조수(釣水) : 낚시 • 일사(逸事) : 번거로움에서 벗어나 한가함을 즐기는 일. • 상(尙) : 오히려 • 생살지명(生殺之柄) : 살리고 죽이는 것을 마음대로 하는 권세, 병(柄)은 자루, 즉 권세를 뜻함 • 혁기(奕棊) : 바둑과 장기 • 청희(奕棊) : 고상한 놀음, 깨끗한 놀이 • 생사(省事) : 일을 줄임, 일을 덜어냄 • 적(適) : 한가로이 지내는 것, 유유자적 • 전진(全眞) : 본연의 마음을 온전히 함, 타고난 참마음을 지킴.

천지의 거짓된 모습

앵 화 무 이 산 농 곡 염   총 시 건 곤 지 환 경
鶯花茂而山濃谷艷은 總是乾坤之幻境이요

수 목 락 이 석 수 애 고   재 시 천 지 지 진 오
水木落而石瘦崖枯는 纔是天地之眞吾니라.

○ 풀이   꾀꼬리가 울고 꽃은 활짝 피어 산은 물들고 골짜기는 아름다
워도 이 모두가 천지의 거짓된 모습일 뿐이다. 물이 마르고 나뭇잎 떨어
져 바윗돌이 앙상하고 언덕이 드러나야 비로소 천지의 참된 모습을 볼
수 있는 것이다.

○ 주해   앵무화(鶯花茂) : 꾀꼬리가 울고 꽃이 활짝 핌 • 산농곡염(山濃谷艷) :
산은 짙게 물들고 골짜기는 아름다움 • 건곤(乾坤) : 하늘과 땅 • 환경(幻境) :
거짓 모습 • 수목락(水木落) : 물이 줄어들고 나뭇잎이 떨어지는 것 • 석수(石
瘦) : 돌이 앙상하게 드러남 • 애고(崖枯) : 초목이 시들어 언덕이 메마른 모습
을 드러냄 • 진오(眞吾) : 자신의 참된 모습.

菜根譚 스스로 바쁘다고 한다

세 월　　　본 장　　　　이 망 자 자 촉
歲月은　本長이로되　而忙者自促하고

천 지　　　본 관　　　　이 비 자 자 애
天地는　本寬이로되　而鄙者自隘하며

풍 화 설 월　　　본 한　　　　이 로 양 자 자 용
風花雪月은　本閒이로되　而勞攘者自冗이니라.

○ 풀이　　세월은 본래 길건마는 서두르는 사람은 스스로 짧다고 하며,
하늘과 땅은 본래 넓건마는 야비한 사람은 스스로 좁다고 한다. 바람
꽃　눈·달은 본래 한가롭건마는 악착스러운 사람은 스스로 바쁘다고
한다.

○ 주해　　본(本) : 본디, 본래, 원래 • 망자(忙者) : 마음이 바쁜 사람, 정신적 여
유가 없는 사람 • 자촉(自促) : 스스로 재촉함, 스스로 짧다고 함 • 관(寬) : 관
대함, 넓음, 너그러움 • 비자(鄙者) : 천박한 사람, 속되고 야비한 사람 • 자애
(自隘) : 스스로 좁다고 함 • 풍화설월(風花雪月) : 봄꽃, 여름바람, 가을달, 겨
울눈, 사계절을 가리킴 • 본한(本閒) : 본디 여유가 있음, 본래 한가함 • 노양
자(勞攘者) : 악착스레 일에 매달리는 사람 • 자용(自冗) : 스스로 번거롭다고
함, 스스로 바쁨.

멋진 풍경은 먼 곳에 있지 않다

득취부재다　　　분지권석간　　　연하구족
得趣不在多하니 盆池拳石間에 烟霞具足하고

회경부재원　　　봉창죽옥하　　　풍월자사
會景不在遠하니 蓬窓竹屋下에 風月自賖니라.

○ 풀이　　정취는 많은 것에서 얻게 되는 것이 아니니, 좁은 연못, 주먹돌에도 안개와 노을은 깃든다. 멋진 풍경은 먼 곳에 있지 않으니 쑥대창, 대지붕(오막살이 집) 밑에도 맑은 바람과 밝은 달이 스스로 한가롭다.

○ 주해　　득취(得趣) : 정취를 얻음, 취미를 얻음, 멋을 느낌 • 분지(盆池) : 물동이만한 작은 연못 • 권석(拳石) : 주먹만한 적은 돌 • 영하(烟霞) : 안개와 노을 • 구족(具足) : 모두 갖추어 있음 • 회경(會景) : 볼 만한 풍경, 멋진 풍경, 아름다운 경치 • 봉창(蓬窓) : 쑥대로 엮은 창문 • 죽옥(竹屋) : 대나무로 만든 지붕, 오막살이집 • 풍월(風月) : 청풍명월(清風明月:맑은 바람과 밝은 달)을 뜻함 • 자사(自賖) : 스스로 한가함, 넉넉함, 저절로 여유가 있음.

꿈속의 꿈을 불러 깨운다

청 정 야 지 종 성 　 환 성 몽 중 지 몽
聽靜夜之鐘聲에　喚醒夢中之夢하며

관 징 담 지 월 영 　 규 견 신 외 지 신
觀澄潭之月影에　窺見身外之身이니라.

○ 풀이　　고요한 밤의 종소리를 들으며 '꿈속의 꿈'을 불러 깨우고, 맑은 연못의 달그림자를 살피며 몸 밖의 몸을 엿본다.

○ 주해　　정야(靜夜) : 고요한 밤 • 종성(鐘聲) : 종소리 • 환성(喚醒) : 불러서 깨우는 것 • 몽중지몽(夢中之夢) : 꿈속의 꿈. 꿈속에서 술을 마시며 즐거워하던 사람이 다음 날 아침에는 슬픈 일로 울부짖고, 꿈속에서 울부짖던 사람은 그 다음 날 아침에 즐겁게 사냥하러 나가기도 한다. 바야흐로 꿈을 꿀 때는 그것이 꿈인 줄 모르며, 꿈속에서 그 꿈을 점치기도 하다가 깨어난 이후에야 비로소 꿈인 줄 알게 된다. 사람은 큰 깨달음을 얻은 다음에야 삶이 곧 큰 꿈임을 알게 된다.(장자 제물론.) • 징담(澄潭) : 맑은 연못 • 월영(月影) : 달 그림자 • 규견(窺見) : 엿보는 것 • 신외지신(身外之身) : 몸 밖의 몸, 육신 이외의 육신, 우주의 본체와 하나가 되는 내몸. 힌두교에서도 우리의 영혼(atman)은 구원받을 때에 우주혼(Brahman)과 일체가 된다고 말하고 있음.

마음에서 마음으로 전하는 비결

조어충성   총시전심지결   화영초색   무비현도지문
鳥語蟲聲이 總是全心之訣이요 花英草色이 無非見道之文이니

학자   요천기청철   흉차영롱   촉물   개유회심처
學者는 要天機淸澈하고 胸次玲瓏하면 觸物에 皆有會心處니라.

○ 풀이   새의 지저귐, 풀벌레 소리는 모두 마음에서 마음으로 전하는
비결이요, 꽃봉오리와 풀빛도 진리를 나타내는 문장이 아닐 수 없다. 배
우는 사람이 타고난 마음의 움직임을 맑게 하고, 가슴속을 영롱하게 하
면 사물에 부딪칠 때마다 깨닫는 바가 있을 것이다.

○ 주해   총(總) : 모두 • 전심지결(全心之訣) : 마음에서 마음으로 전하는 비
결 • 현도지문(見道之文) : 자연의 이법을 나타내는 문장, 진리를 표현하는
글 • 천기(天機) : 타고난 마음의 작용, 본심의 움직임 • 청철(淸澈) : 깨끗하고
밝은 것, 맑고 밝은 것 • 흉차(胸次) : 흉중, 가슴속 • 영롱(玲瓏) : 아름답게 빛
남 • 촉물(觸物) : 사물에 부딪침, 사물에 접촉하는 것 • 회심(會心) : 마음에 깨
닫는 것.

🏮 글자가 없는 책

인 해독유자서 불해독무자서
人이 解讀有字書로되 不解讀無字書하며

지탄유현금 부지탄무현금
知彈有絃琴이로되 不知彈無絃琴하나니

이적용 불이신용 하이득금서지취
以跡用하고 不以神用이면 何以得琴書之趣리오.

○ 풀이 사람들은 글자 있는 책은 읽지만 글자 없는 책은 읽지 못하고, 줄 있는 거문고는 타지만 줄 없는 거문고는 타지 못한다. 형체 있는 것은 쓸 줄 알지만 정신을 쓸 줄 모르니 어지 거문고와 책의 참맛을 알겠는가.

○ 주해 무자서(無字書) : 글자가 없는 책, 우주의 삼라만상은 도(道)를 글자 없이 표현한 책임 • 탄(彈) : 타다, 연주하다 • 무현금(無絃琴) : 줄 없는 거문고, 자연의 음향 • 적용(跡用) : 형체를 씀, 형체에 집착함 • 신용(神用) : 정신을 활용함, 정신을 이해함.

신선이 머무르는 곳

심무물욕   즉시추공제해   좌유금서   변성석실단구
心無物欲이면 即是秋空霽海요 坐有琴書면 便成石室丹丘니라

○ 풀이 마음에 물욕이 없으면 이는 곧 가을 하늘, 맑게 갠 바다요, 자리에 거문고와 책이 있으면 이는 곧 신선이 머무르는 곳이다.

○ 주해 제해(霽海) : 맑게 개인 잔잔한 바다 • 석실(石室) : 신선이 머물고 있는 석굴 • 단구(丹丘) : 신선이 사는 곳, 언제나 환히 밝은 선향(仙鄕).

즐거움이 흐느낌으로 변하여

빈 붕　　운 집　　극 음 임 리 락 의　　아 이 누 진 촉 잔
賓朋이 雲集하여 劇飮淋漓樂矣라가 俄而漏盡燭殘하고

향 소 명 냉　　불 각 반 성 구 열　　영 인 삭 연 무 미
香銷茗冷하면 不覺反成嘔咽하여 令人索然無味라.

천 하 사 솔 유 차　　인 내 하 부 조 회 두 야
天下事率類此어늘 人奈何不早回頭也리오

○풀이　　손님과 벗이 구름처럼 모여들어 실컷 마시고 질탕하게 노는 것은 즐거우나, 어느 새 시간은 다하고 촛불도 가물거리며 향내음도 사라지고 차도 식으면, 저도 모르게 즐거움이 흐느낌으로 변하여 사람을 쓸쓸하게 한다. 세상만사가 다 이와 같은데 사람들은 왜 빨리 머리를 돌리려고 하지 않는가.

○주해　　빈붕(賓朋) : 손님과 벗 • 운집(雲集) : 구름처럼 모여듦 • 극음(劇飮) : 마음껏 마심, 실컷 마심 • 임리(淋漓) : 물이 흘러나와 흥건해짐, 술을 질탕하게 마시고 노는 것 • 아(俄) : 이윽고 • 누(漏) : 물시계, 즉 시간을 뜻함 • 촉잔(燭殘) : 촛불이 가물거림, 촛불이 꺼져감 • 소(銷) : 사라짐, 녹아 없어짐, 소(消)와 뜻이 같음 • 명(茗) : 차(茶) • 불각(不覺) : 모르는 사이에 • 반(反) : 도리어 • 구열(嘔咽) : 흐느낌 • 삭연(索然) : 삭막함, 쓸쓸한 모습 • 무미(無味) : 흥취가 사라짐 • 유차(類此) : 이와 같음, 이와 흡사함 • 내하(奈何) : 어찌 ~하리오 • 회두(回頭) : 머리(생각, 마음)를 돌림.

사물 속에 들어 있는 참맛

회득 개중 취　　오 호 지 연 월　　진 입 촌 리
會得個中趣면 五湖之烟月이 盡入寸裡하고

파 득 안 전 기　　천 고 지 영 웅　　진 귀 장 악
破得眼前機면 千古之英雄이 盡歸掌握이니라.

○ 풀이　　사물 속에 들어 있는 참맛을 깨달을 수 있다면 오호의 풍경도 모두 마음속으로 들어오고, 눈앞에 펼쳐진 하늘의 기밀을 이해할 수 있다면 천고의 영웅도 모두 손아귀에 들어오게 되리라.

○ 주해　　회득(會得) : 깨닫다 • 개중취(個中趣) : 사물 속에 깃든 참맛, 사물 속에 들어 있는 정취 • 오호(五湖) : 중국 대륙에 있는 경치가 아름다운 다섯 호수, 파양호, 단양호, 청초호, 동정호, 태호 • 연월(烟月) : 경치 • 촌리(寸裡) : 심중(心中), 마음속 • 파(破) : 깨닫다, 간파하다 • 안전기(眼前機) : 눈앞에 펼쳐지는 천지의 오묘한 작용, 눈앞에 일어나는 천지자연의 기밀.

矣讍 티끌 속의 티끌

산 하 대 지　이 속 미 진　　이 황 진 중 지 진
山河大地도　已屬微塵이어늘　而況塵中之塵이리오.

혈 육 신 구　차 귀 포 영　　이 황 영 외 지 영
血肉身軀도　且歸泡影이어늘　而況影外之影이리오.

비 상 상 지　무 료 료 심
非上上智면　無了了心이니라.

○ 풀이　　산하와 대지도 이미 작은 티끌에 속하거늘, 하물며 티끌 속의
티끌이랴! 피와 살과 몸뚱이도 또한 물거품과 그림자로 돌아가거늘, 하
물며 그림자 밖의 그림자에야. 그러나 최상의 슬기가 아니면 환히 깨닫
는 마음도 없을 것이다.

○ 주해　　미진(微塵) : 작은 티끌. 불교에서는 장차 이 세상 모든 것이 파괴되
어 작은 티끌로 화한다고 보고 있음 • 이황(而況) : 그런데 하물며 ~이랴! • 진
중지진(塵中之塵) : 티끌 속의 티끌, 세상의 모든 생물, 특히 사람 • 포영(泡影)
: 물거품과 그림자 • 영외지영(影外之影) : 그림자 밖의 그림자. 부귀와 명리
(名利)를 뜻함 • 상상지(上上智) : 최고의 지혜, 최상의 슬기로움 • 요료심(了了
心) : 환히 깨닫는 밝은 마음.

달팽이 뿔 위에서의 자웅

석화광중 쟁장경단 기하광음
石火光中에 爭長競短하니 幾何光陰이며,

와우각상 교자론웅 허대세계
蝸牛角上에 較雌論雄하니 許大世界아.

○ 풀이   번쩍하는 불빛 속에서 길고 짧음을 다툰들 그 세월이 얼마나 되며, 달팽이의 뿔 위에서 자웅을 겨룬들 그 세계가 얼마나 크리오.

○ 주해   석화(石火) : 돌과 돌이 부딪칠 때 일어나는 불빛, 짧은 시간을 비유한 것임 • 쟁(爭),경(競) : 다툼, 경쟁 • 기하(幾何) : 얼마쯤 되겠는가 • 광음(光陰) : 세월 • 와우각상(蝸牛角上) : 달팽이의 뿔 위, 장자 즉양편(則陽篇)에 나오는 우화, 달팽이의 왼쪽 뿔에는 촉씨가 다스리는 나라가 있고, 오른쪽 뿔에는 만씨가 다스리는 나라가 있어 영토 문제로 자주 싸웠다고 한다. 한번은 보름 동안이나 전투를 치러 쌍방 모두 수만 명의 전사자를 내었다고 함. 또한 백락천은 대주(對酒)에서 '달팽이 뿔 위에서 무엇을 다투리오. 번쩍이는 석화 빛 속에 이 몸을 붙이노라'(蝸牛角上爭何事石火光中寄此身: 와우각상쟁하사석화광중기차신)을 읊고 있다. 우리가 몸을 붙이고 사는 이 세상이 좁음을 비유한 말임 • 교론(較論) : 견주어 보며 말다툼하는 것 • 허대(許大) : 얼마나 크리오.

완고한 허무주의에 빠지게 된다

한 등 무 염　　폐 구 무 온　　총 시 파 롱 광 경
寒燈無焰하고　敝裘無溫은　總是播弄光景이요

신 여 고 목　　심 사 사 회　　불 면 타 재 완 공
身如槁木하고　心似死灰는　不免墮在頑空이니라.

○ 풀이　　등불엔 불꽃이 없고 해진 가죽옷은 온기가 없음은 모두 삭막한 광경이요, 몸은 마른 나무 같고 마음이 식은 재와 같으면 완고한 허무주의에 빠지게 된다.

○ 주해　　한등(寒燈) : 꺼져가는 등불, 가물거리는 등불 • 폐구(敝裘) : 해어진 가죽옷 • 파롱(播弄) : 희롱함, 농락함 • 고목(槁木) : 마른 나무 • 사회(死灰) : 죽은 재, 식은 재 • 완공(頑空) : 사람의 육체와 정신 그리고 삶에 속해 있는 모든 것을 공허하다고 보는 소승불교의 입장.

🍵 그만둘 곳을 찾는다면

인 긍 당 하 휴　변 당 하 료
人肯當下休면 便當下了나

약 요 심 개 헐 처　즉 혼 가 수 완
若要尋個歇處면 則婚嫁雖完이라도

사 역 불 소　승 도 수 호　심 역 불 료
事亦不少하나니 僧道雖好나 心亦不了니라.

전 인　운　여 금 휴 거
前人이 云하되 如今休去면

변 휴 거　약 멱 료 시　무 료 시　견 지 탁 의
便休去나 若覓了時면 無了時라 하니 見之卓矣로다.

○ 풀이　사람이 기꺼이 그 자리에서 그만둘 수는 있으나, 만일 따로 그만둘 곳을 찾는다면 아들, 딸을 짝지어 준 후에도 일은 적지 않다. 승도가 비록 좋다고 하더라도 그런 마음으로는 깨닫지 못하느니라. 옛사람이 말하기를 '당장 그만두면 그만둘 수 있지만 만일 끝날 때를 찾는다면 끝내 끝날 때가 없을 것이다.'고 했는데 진정 높은 식견이로다.

긍(肯) : 즐겨, 기꺼이 • 당하(當下) : 당장에, 즉시, 곧 • 휴(休) : 쉼, 그침, 그만둠. 세속적인 욕망을 버린다는 뜻임 • 헐처(歇處) : 쉴 곳 • 혼가(婚嫁) : 아들을 장가들이고 딸을 시집보내는 것 • 완(完) : 완료하다, 끝마치다 • 불소(不少) : 적지 않음, 많음 • 승도(僧道) : 불가의 스님과 도가의 도사 • 전인(前人) : 옛사람 • 운(云) : 이르다, 말하다 • 여(如) : 만약 • 휴거(休去) : 그만둠 • 멱(覓) : 찾음, 구함 • 요시(了時) : 끝마칠 때 • 견(見) : 의견, 견해, 식견 • 탁(卓) : 높음, 탁월함.

☵ 번잡함에서 한가함으로 들어가 보아야

종 냉 시 열 연 후   지 열 처 지 분 주 무 익
從冷視熱然後에 知熱處之奔走無益하고

종 용 입 한 연 후   각 한 중 지 자 미 최 장
從冗入閒然後에 覺閒中之滋味最長이니라.

○ 풀이   냉정한 마음으로 열광했던 때를 살펴본 후에야 열광의 분망함
이 무익한 것임을 알게 되고, 번잡함에서 한가함으로 들어가 본 후에야
재미가 가장 여유 있고 오래가는 것임을 깨닫게 된다.

○ 주해   냉(冷) : 냉정함 • 열(熱) : 열광함 • 용(冗) : 번잡함, 번거로움 • 한
(閒) : 한가함 • 자미(滋味) : 맛, 재미.

반드시 바위굴에서 살아야 하는 것은 아니다

유부운부귀지풍　　　이불필암서혈처
有浮雲富貴之風이라도　而不必嚴棲穴處하며

무고황천석지벽　　　이상자취주탐시
無膏肓泉石之癖이라도　而常自醉酒耽詩니라.

○ 풀이　　부귀를 뜬구름처럼 보는 기풍이 있을지라도 반드시 바위굴에서 살아야 하는 것은 아니고, 산수를 고질적으로 사랑하는 버릇은 없을지라도 언제나 스스로 술에 취하고 시를 즐기면 된다.

○ 주해　　부운부귀(浮雲富貴) : 부귀영화를 뜬구름처럼 생각함, 나물밥을 먹으며 물을 마시고 팔을 구부려 베개 삼아도 즐거움이 또한 그 가운데 있다. 의롭지 못한 부귀는 내게는 뜬구름과 같도다.(논어 제7편 술이) • 풍(風) : 기풍 • 암서혈처(嚴棲穴處) : 바위틈과 굴속에서 사는 것, 세속을 벗어나 숨어사는 것을 뜻함 • 고황천석(膏肓泉石) : 고(膏)는 가슴의 윗부분, 황(肓)은 명치 끝. 이 부위는 약효가 미치지 못하므로 고질병을 뜻하는 말이 됨. 천(泉)은 생, 석(石)은 돌, 곧 산수(山水) · 자연을 뜻함. 고황천석 ↔ 자연을 좋아하는 것이 고질병이 됨 • 벽(癖) : 버릇 • 탐(耽) : 탐닉함.

몸과 마음이 함께 자유롭다

경축   청인이불혐진취   염담   적기이불과독성
競逐은 聽人而不嫌盡醉하고 恬淡은 適己而不誇獨醒이니라

차 석 씨 소 위 불 위 법 전   불 위 공 전   신 심   양 자 재 자
此釋氏所謂不爲法纏하고 不爲空纏하여 身心이 兩自在者니라.

○ 풀이   명예와 이득의 다툼은 다른 사람에게 맡기되 모두가 취하여도
미워하지 말고, 고요하고 담박함은 내가 즐기되 홀로 깨어 있는 것을 자
랑하지 말라. 이는 석가의 이른바 '법에도 매이지 않고 공(空)에도 매이
지 않는 것'으로 몸과 마음이 다 함께 자유로울 것이니라.

○ 주해   경축(競逐) : 명예와 이득을 다툼 • 청인(聽人) : 다른 사람에게 맡
김 • 혐(嫌) : 미워함, 싫어함 • 염담(恬淡) : 고요하고 담박함 • 적기(適己) : 내
가 즐기는 것 • 독성(獨醒) : 홀로 명리에 취하지 않고 깨어 있는 것 • 석씨(釋
氏) : 석가모니 • 법(法) : 현상계에 있는 일체의 만물을 뜻함 • 전(纏) : 얽매이
다, 속박당하다 • 공(空) : 공적(空寂) • 자재(自在) : 자유.

마음이 한가한 사람과 넓은 사람

연촉　　　유어일념　　　관착　　　계지촌심
延促은 由於一念하고 寬窄은 係之寸心이니라

고　　　기한자　　　일일　　　요어천고
故로 機閑者는 一日도 遙於千古하고

의광자　　　두실　　　관약양간
意廣者는 斗室도 寬若間兩이니라.

○ 풀이　　　길고 짧음은 한 생각에서 온 것이고, 넓고 좁음은 한 치 마음에
달려 있다. 그러므로 마음이 한가한 사람은 하루가 천 년보다 멀고, 넓
은 사람은 좁은 방도 하늘과 땅 사이같이 넓다.

○ 주해　　　연촉(延促) : 늘어남과 줄어듦, 느림과 촉박함, 길고 짧음 • 유(由) :
~ 때문에 • 관착(寬窄) : 넓고 좁음 • 계(係) : 걸림, 관계됨, 달려 있음 • 촌심
(寸心) : 한 치 마음 • 기한(機閑) : 마음이 한가함. 기(機)는 심기, 마음의 움직
임을 뜻함 • 요(遙) : 아득함 • 의광(意廣) : 뜻이 넓음 • 두실(斗室) : 좁은 방 •
양간(間兩) : 천지간, 하늘과 땅 사이.

🍵 세상일을 잊고 차를 달이면

손 지 우 손　　　재 화 종 죽　　　진 교 환 오 유 선 생
損之又損하여　栽花種竹하니　儘交還烏有先生이요

망 무 가 망　　　분 향 자 명　　　총 불 문 백 의 동 자
忘無可忘하며　焚香煮茗하니　總不問白衣童子라.

○ 풀이　　욕심을 덜고 덜어 꽃을 가꾸고 대를 심으면 그대로 오유선생이 된다. 세상일을 잊고 잊어 향을 사르고 차를 달이면 백의동자를 물을 일이 없게 된다.

○ 주해　　손지우손(損之又損) : 욕심을 줄이고 또 줄임. • 재(栽) : 심다, 재배하다, 가꾸다 • 진(儘) : 모두 • 교환(交還) : 반환 • 오유선생(烏有先生) : 오유(烏有)는 '어찌 있으랴'의 뜻이므로 즉 무(無: 없음)를 지칭함, 사마상여의 자허부(子虛賦)에 나오는 가공의 인물 • 망무가망(忘無可忘) : 모든 것은 다 잊어서 잊을 것이 없을 때까지 잊음 • 자명(煮茗) : 차를 끓임, 차를 달임 • 총(總) : 도대체 • 백의동자(白衣童子) : 어느 해 중양절(9월 9일)에 시인 도연명이 국화를 따고 있는데 흰옷 차림의 왕홍이 술을 들고 그를 찾아왔다고 함.(태평어람에 수록된 도연명의 고사.)

신선의 경지와 세속의 경지

도 래 안 전 사　　　　지 족 자 선 경　　　　부 지 족 자 범 경
都來眼前事는 知足者仙境이요 不知足者凡境이며

총 출 세 상 인　　　　선 용 자 생 기　　　　불 선 용 자 살 기
總出世上因은 善用者生機요 不善用者殺機니라.

○ 풀이　　눈앞에 닥쳐오는 모든 일은 만족할 줄 알면 신선의 경지요, 만
족할 줄 모르면 세속의 경지이다. 세상에 나타나는 모든 인연을 잘 쓰면
살리는 기틀이 되고, 잘못 쓰면 죽이는 기틀이 된다.

○ 주해　　도래안전사(都來眼前事) : 눈앞에 닥쳐오는 모든 일 • 지족(知足) : 자
신의 분수를 알며 만족하게 여김 • 선경(仙境) : 세속의 물욕을 벗어난 신선의
경지 • 범경(凡境) : 보통 사람의 경지, 평범한 세속인의 경지 • 인(因) : 인연 •
생기(生機) : 살리는 기틀, 살리는 작용 • 살기(殺機) : 해치는 작용, 죽이는 기운.

고요함에 살고 편안함을 지키는 맛

추 염 부 세 지 화　　심 참 역 심 속
趨炎附勢之禍는　甚慘亦甚速하고

서 넘 수 일 지 미　　최 담 역 최 장
棲恬守逸之味는　最淡亦最長이니라.

○ 풀이　　권력을 따르고 세도에 빌붙는 재앙은 매우 참혹하고 몹시 빠르며, 고요함에 살고 편안함을 지키는 맛은 가장 맑고 또한 가장 오래간다.

○ 주해　　추염(趨炎) : 권력을 추종함. 염(炎)은 불꽃, 세력을 뜻함 • 부세(附勢) : 세도에 아부함, 권세에 빌붙는 것 • 화(禍) : 재앙 • 심(甚) : 몹시, 매우 • 서염수일(棲恬守逸) : 고요함에 살고 편안함을 지킴 • 최(最) : 가장 • 담(淡) : 맑음, 담박함.

🏮 헌 담요에 달빛이 스며든다

松澗邊송 간 변에 携杖獨行휴 장 독 행하면 立處입 처에 雲生破衲운 생 파 납하고

竹窓下죽 창 하에 枕書高臥침 서 고 와면 覺時각 시에 月侵寒氈월 침 한 전이니라.

○ 풀이　소나무 우거진 시냇가를 지팡이 짚고 홀로 걷노라면 문득 서는 곳마다 구름이 해어진 옷에서 일어나고, 대나무 울창한 창가에 책을 베개 삼아 잠들다 깨어보면 달빛이 헌 담요에 스며든다.

○ 주해　송간변(松澗邊) : 소나무가 울창한 시냇가 • 휴장독행(携杖獨行) : 지팡이를 짚고 홀로 걸음. 휴(携)는 끌다, 들다, 휴대하다의 뜻임 • 파납(破衲) : 해진 누더기 옷 • 침서고와(枕書高臥) : 책을 베개 삼아 누워 잠듦 • 침(枕) : 스며듦 • 한전(寒氈) : 헌 담요.

참마음을 기를 수 있다

색욕 화치 이 일 념 급 병 시 변 흥 사 한 회
色慾이 火熾라도 而一念及病時면 便興似寒灰하고

명 리 이 감 이 일 상 도 사 지 변 미 여 작 랍
名利飴甘이라도 而一想到死地면 便味如嚼蠟하나니

고 인 상 우 사 려 병 역 가 소 환 업 이 장 도 심
故로 人常憂死慮病이면 亦可消幻業而長道心이니라.

○ 풀이　　색욕이 불길처럼 치솟다가도 한 번 생각이 병든 때에 미치게
되면 곧 그 흥이 식은 재 같아지고, 명리가 엿처럼 달다고 해도 한 번 생
각이 죽음에 이르게 되면 바로 그 맛이 밀랍을 씹는 것 같아진다. 그러
므로 사람이 늘 죽음을 걱정하고 병을 조심하면 헛된 일을 버리고, 참마
음을 기를 수 있게 된다.

○ 주해　　화치(火熾) : 불길처럼 치솟음 • 급(及) : 미침, 이르다 • 한회(寒灰) :
식은 재 • 이(飴) : 엿 • 사지(死地) : 죽는 처지. 죽는 경우 • 작(嚼) : 씹음 • 납
(蠟) : 밀랍 • 소(消) : 사라짐, 없어짐, 소멸됨 • 환업(幻業) : 헛된 일, 죄업, 색
욕과 명리 • 장(長) : 자라게 함 • 도심(道心) : 참마음.

한 걸음 뒤로 물러서면 저절로 한 걸음 넓고 평평해진다

쟁 선 적 경 로   착   퇴 후 일 보   자 관 평 일 보
爭先的徑路는 窄이니 退後一步면 自寬平一步하고

농 염 적 자 미   단   청 담 일 분   자 유 장 일 분
濃艷的滋味는 短이니 淸淡一分하면 自悠長一分이니라.

○ 풀이   앞을 다투는 길은 좁으니 한 걸음 뒤로 물러서면 저절로 한 걸음 넓고 평평해진다. 진하고 좋은 맛은 짧으니 일 푼(一分: 조금의 뜻)만 맑고 청담하게 하면 저절로 일 푼만큼 여유 있고 길어진다.

○ 주해   쟁선(爭先) : 앞을 다툼 • 적(的) : ~의 • 경로(徑路) : 지름길, 좁은 길, 오솔길 • 착(窄) : 좁음 • 자(自) : 저절로, 스스로 • 관평(寬平) : 넓고 평평함 • 농염(濃艷) : 무르익고 아름다움, 고움 • 자미(滋味) : 재미, 맛 • 청담(淸淡) : 맑고 담박함 • 일분(一分) :10%, 조금, 일 푼 • 유장(悠長) : 길고 오래 감, 여유 있고 길어짐.

🏛 사물의 참모습을 꿰뚫어볼 수 있어야 한다

망 처　불 란 성　　수 한 처　심 신　양 득 청
忙處에 不亂性이면 須閑處에 心神을 兩得淸하며

사 시　부 동 심　　수 생 시　사 물　간 득 파
死時에 不動心이면 須生時에 事物을 看得破하라.

○ 풀이　　바쁠 때에 성정(性情)을 어지럽히지 않으려면 반드시 한가할 때에 마음을 맑게 길러두어야 하고, 죽을 때에 마음이 흔들리지 않게 하려면 반드시 살아 있을 때에 사물의 참모습을 꿰뚫어볼 수 있어야 한다.

○ 주해　　망처(忙處) : 바쁠 때 • 불란성(不亂性) : 본성, 성정을 어지럽히지 않음 • 수(須) : 모름지기 • 한처(閑處) : 한가할 때 • 심신(心神) : 마음, 정신 • 부동심(不動心) : 마음이 동요하지 않음 • 간득파(看得破) : 꿰뚫어 보다, 간파하다.

도덕과 의리의 길에는 더위와 추위가 없다

은 일 림 중　　무 영 욕
隱逸林中에는　無榮辱이요

도 의 로　　무 염 량
道義路에는　無炎凉이니라.

○ 풀이　　숨어 사는 숲 속에는 영화나 욕됨이 없고 도덕과 의리의 길에는 더위와 추위가 없다.

○ 주해　　은일(隱逸) : 속세를 피해 숨어 사는 것 • 영욕(榮辱) : 영광과 굴욕, 영화와 욕됨. 영예와 치욕 • 도의로(道義路) : 도덕과 의리로 사귀는 교제 • 무염량(無炎凉) : 더위와 추위가 없음, 뜨거웠다 식었다 하지 않음. 변덕이 없음.

더위를 괴로워하는 마음을 없앤다면

이 견 차 궁 수　　심 상 거 안 락 와 중
而遣此窮愁하면 心常居安樂窩中이니라.

열 불 필 제　　이 제 차 열 뇌
熱不必除나 而除此熱惱하면

신 상 재 청 량 대 상　　궁 불 가 견
身常在淸凉臺上하고 窮不可遣이나

○ 풀이　　더위를 없앨 수는 없으나 더위를 괴로워하는 마음을 없앤다면
몸은 늘 시원한 누대 위에 있게 된다. 가난을 몰아낼 수는 없으나 가난
함을 근심하는 마음을 몰아낸다면 마음은 늘 편안하고 즐거운 집 속에
있게 된다.

○ 주해　　열(熱) : 더위 • 제(除) : 없앰, 제거함 • 열뇌(熱惱) : 무더위를 괴로워
하는 마음 • 청량대(淸凉臺) : 서늘한 누대. 시원한 누각 • 궁(窮) : 가난, 곤궁,
빈궁 • 불가(不可) : ~할 수는 없다 • 견(遣) : 보냄, 쫓음, 몰아냄 • 궁수(窮愁) :
가난을 걱정하는 마음, 빈궁을 근심하는 마음 • 안락(安樂) : 편안하고 즐거
움 • 와(窩) : 굴, 집.

곧 물러날 것을 생각해야 한다

진보처   변사퇴보   서면촉번지화
進步處에 便思退步하면 庶免觸藩之禍요

착수시   선도방수   재탈기호지위
著手時에 先圖放手하면 纔脫騎虎之危니라

○ 풀이   앞으로 나아가는 곳에서 곧 물러날 것을 생각하면 거의 울타
리에 걸리는 재앙을 면할 수 있고, 손을 댈 때에 먼저 손을 뗄 것을 꾀한
다면 비로소 호랑이를 타는 위험에서 벗어날 수 있다.

○ 주해   서(庶) : 거의 • 촉번지화(觸藩之禍) : 양이 울타리에 뿔이 걸려 꼼짝
못하고 있는 재앙, 나아갈 수도 물러날 수도 없는 곤경, 진퇴양난의 위기 • 착
수시(著手時) : 일에 손을 댈 때에, 일을 시작할 때에 • 도(圖) : 기도함, 계획함,
도모함, 꾀함 • 방수(放手) : 손을 놓음, 일에서 손을 떼는 것, 일을 그만둠. •
재(纔) : 겨우, 비로소, 조금 • 탈(脫) : 벗어남, 면함 • 기호지위(騎虎之危) : 호
랑이를 타는 위험, 타고 있을 수도 내릴 수도 없는 처지임.

서민이면서도 왕공(王公)을 부러워하지 않는다

탐득자   분금   한부득옥
貪得者자는 分金에 恨不得玉하고

봉공   원부수후   권호 자감 걸개
封公에 怨不受侯하여 權豪自甘乞丐하며

지족자   려갱   지어 고량
知足者는 黎羹도 旨於膏粱하고

포포   난 어 호학   편민 불 양 왕 공
布袍도 煖於狐狢하여 編民不讓王公이니라.

○ 풀이   이익을 탐하는 사람은 금을 나누어 주면 옥을 얻지 못함을 한하고 공작에 봉해지면 제후가 되지 못함을 원망하니, 권세 있고 부유하면서도 스스로 거지노릇을 달게 여기는 격이다. 만족할 줄 아는 사람은 명아주국도 고기와 쌀밥보다 맛있게 여기고 베 도포도 갖옷보다 따뜻하게 여기니 서민이면서도 왕공을 부러워하지 않는다.

○ 주해   탐득(貪得) : 탐욕, 욕심 • 부득(不得) : 얻지 못함 • 공(公) : 공(公), 후(候), 백(伯), 자(子), 남(男)의 오작 중 으뜸 • 후(候) : 제후, 지방을 다스리는 임금 • 권호(權豪) : 권문부호(權門富豪) • 자감(自甘) : 스스로 달게 여김 • 걸개(乞丐) : 거지 • 여갱(黎羹) : 명아주국 • 지(旨) : 맛있게 여김 • 고량(膏粱) : 고기와 곡식. 맛있는 음식 • 포포(布袍) : 베로 만든 두루마기, 도포 • 난(煖) : 따뜻하게 여김 • 어(於) : ~보다 • 호학(狐狢) : 여우, 담비의 가죽으로 만든 값비싼 옷 • 편민(編民) : 백성, 평민, 서민 • 불양(不讓) : 부러워하지 않음.

🔲 이름을 숨기는 것보다 못하다

긍 명   불 약 도 명 취
矜名은 不若逃名趣라

연 사   하 여 생 사 한
練事가 何如省事閑이리오.

○ 풀이   이름을 자랑하는 것은 이름을 숨기는 멋만 같지 못하고, 일에 숙달된 것은 일을 덜어 한가롭게 지냄만 못하다.

○ 주해   긍명(矜名) : 이름을 자랑함. 명예를 내세우는 것 • 불약(不若) : ~만 같지 못하다, ~보다 못하다 • 도명(逃名) : 이름을 숨김 • 취(趣) : 기취(氣趣), 취미 • 연사(練事) : 일에 익숙함, 일에 숙달됨 • 하여(何如) : 어찌 ~만 하겠는가, 어찌 ~와 같으리오 • 생사(省事) : 일을 줄임, 일을 덜어냄.

🏷 마음에 들지 않는 세상이 없다

기 적 자　　관 백 운 유 석 이 통 현
嗜寂者는 觀白雲幽石而通玄하고

추 영 자　　견 청 가 묘 무 이 망 권
趨榮者는 見淸歌妙舞而忘倦하니

유 자 득 지 사　　　무 훤 적
唯自得之士라야 無喧寂하고

무 영 고　　　무 왕 비 자 적 지 천
無榮枯하여 無往自適之天이니라.

○ 풀이　　고요함을 즐기는 사람은 흰 구름이나 그윽한 바위만 보아도
오묘한 섭리를 깨닫고 영화를 좇는 사람은 맑은 노래와 묘한 춤을 보
며 권태로움을 잊는다. 오직 스스로 깨달은 선비는 시끄러움과 고요함
이 없으며 번성과 쇠퇴함이 없어 가는 곳마다 마음에 들지 않는 세상
이 없다.

○ 주해　　기적(嗜寂) : 고요함을 즐김, 적막함을 즐김 • 유석(幽石) : 그윽한 바
윗돌 • 통(通) : 통함, 통달함 • 현(玄) : 깊고 신비함, 오묘한 섭리. 현묘한 진
리 • 추영(趨榮) : 부귀와 영화를 따르는 것 • 청가묘무(淸歌妙舞) : 미녀의 맑
은 노래와 묘한 춤 • 망권(忘倦) : 권태를 잊음, 심심함을 달램 • 유(唯) : 오
직 • 자득(自得) : 스스로 질리를 깨달음, 스스로 도리를 터득함 • 훤적(喧寂) :
시끄러움과 고요함, 시끄러움과 적막함 • 영고(榮枯) : 영화로움과 쇠퇴함, 변
영과 몰락 • 자적지천(自適之天) : 자기의 마음에 맞는 세상.

고요하고 시끄러움을 관여하지 않는다

고운   출수   거류   일무소계
孤雲은 出岫하여 去留에 一無所係하고

낭경   현공   정조   양불상간
郞鏡은 懸空하여 靜躁에 兩不相干이니라.

○ 풀이   외로운 구름은 산골짜기에서 피어나 흘러가며 머무름에 전혀
거리낌이 없고, 밝은 달은 하늘에 떠 있어 고요하고 시끄러움 모두를 관
여하지 않는다.

○ 주해   고운(孤雲) : 외로운 구름 • 수(岫) : 골짜기 • 거류(去留) : 가고 머무
르는 것 • 일무(一無) : 전혀 없음 • 낭경(郞鏡) : 밝은 거울, 즉 달을 뜻함 • 현
공(懸空) : 하늘에 걸려 있음, 하늘에 떠 있음 • 정조(靜躁) : 고요함과 시끄러
움 • 불상간(不相干) : 서로 관계하지 않음, 서로 관여하지 않음.

뜻이 없으면 절로 가까워지게 된다

선종   왈   기 래 끽 반 권 래 면
禪宗에 曰 饑來喫飯倦來眠이라 하고

시 지   왈   안 전 경 치 구 두 어
詩旨에 曰 眼前景致口頭語라 하니

개 극 고   우 어 극 평   지 난   출 어 지 이
蓋極高는 寓於極平하고 至難은 出於至易하여

유 의 자   반 원   무 심 자   자 근 야
有意者는 反遠하며 無心者는 自近也니라.

○ 풀이   선종(禪宗)에서 말하기를 '배고프면 밥을 먹고 피곤하면 잠을 잔다.'고 하였고, 시지(詩旨)에서 말하기를 '눈앞의 경치요, 쉬운 말이로 다.'라고 했다. 대개 가장 높은 것은 가장 평범한 것에 있고, 극히 어려 운 것은 극히 쉬운 데서 나오며, 뜻이 있으면 오히려 멀어지고, 뜻이 없 으면 절로 가까워지게 된다.

○ 주해   선종(禪宗) : 불교의 한 종파. 말이나 글에 의존치 않고 참선을 통하 여 사람이 원천적으로 지니고 있는 불성(佛性)을 계발(啓發)함. 불경공부를 중시하는 교종(敎宗)과 대척적인 입장임 • 기래끽반권래면(饑來喫飯倦來眠) : 배고프면 밥을 먹고 피곤하면 잠을 잔다. 왕수인의 시 답인간도(答人間道)에 서 나오는 말임. 보조국사 지눌도 수심결(修心訣)에서 '산에 가서 나무를 하고 우물에 가서 물 긷는 것이 모두 신통(神通) 아님이 없다'고 함. 모두 진리요, 진실은 평범한 일상생활 속에 있다는 뜻임 • 시지(詩旨) : 시의 묘한 의미를 설명한 글 • 경치(景致) : 풍경 • 구두어(口頭語) : 일상생활에서 쓰이고 있는

쉬운 말 • 개(蓋) : 대개 • 극고(極高) : 매우 고상함 • 우(寓) : 깃들다 • 극평(極平) : 극히 평범함 • 유의(有意) : 뜻이 있음, 의도함, 작위함, 기교를 부림 • 반원(反遠) : 오히려 멀어짐 • 무심(無心) : 마음을 비움, 의도하지 않음. 작위하지 않음 • 자근(自近) : 저절로 가까워짐.

담박한 맛만이 홀로 참됨이다

유 장 지 취　　부 득 어 농 엄　　이 득 어 철 숙 음 수
悠長之趣는 不得於醲釅하고 而得於啜菽飮水하며

추 창 지 회　　불 생 어 고 적　　이 생 어 품 죽 조 사
惆悵之懷는 不生於枯寂하고 而生於品竹調絲하나니

고 지 농 처 미 상 단　　담 중 취 독 진 야
固知濃處味常短하고 淡中趣獨眞也로다.

○ 풀이　　유유히 긴 맛은 짙고 향기로운 술에서 얻지 못하고 콩을 씹고
물을 마시는 데서 얻으며, 그립고도 정다운 생각은 메마르고 쓸쓸한 곳
에서 생기지 않고 퉁소를 불고 거문고를 뜯는 데서 생겨난다. 진실로 짙
은맛은 늘 오래 가지 못하며, 담박한 맛만이 홀로 참됨을 알겠노라.

○ 주해　　농엄(醲釅) : 진하고 맛있는 술, 부귀를 비유한 말임 • 철숙음수(啜菽
飮水) : 콩을 씹고 물을 마심, 가난한 생활을 뜻함. 철(啜)은 씹다, 마시다, 먹
다, 숙(菽)은 콩 • 추창(惆悵) : 슬퍼하고 원망함, 그리워함, 동경함 • 회(懷) :
회포 • 고적(枯寂) : 메마르고 적막함, 메마르고 쓸쓸함 • 품죽조사(品竹調絲) :
피리 소리를 맞추고 거문고 줄을 조절함. 죽(竹)은 피리, 사(絲)는 거문고를
뜻함.

🏛 산이 높아도 구름은 걸리지 않는다

수 류 이 경 무 성 　　　 득 처 훤 견 적 지 취
水流而境無聲하니　得處喧見寂之趣요

산 고 이 운 불 애 　　　 오 출 유 입 무 지 기
山高而雲不碍하니　悟出有入無之機니라.

○ 풀이 　　 물은 흘러가도 가장자리에는 소리가 없으니 시끄러운 데서 고
요함을 보는 멋을 얻어야 하고, 산이 높아도 구름은 걸리지 않으니 있음
(有)에서 나와 없음(無)으로 들어가는 기밀을 깨닫게 될 것이다.

○ 주해 　　 경(境) : 경계, 언저리, 가장자리 • 처훤(處喧) : 시끄러운 곳에 있음 •
견적(見寂) : 고요함을 봄, 적막함을 봄 • 취(趣) : 취미, 취향, 멋 • 애(碍) : 막힘,
걸림, 장애 • 오(悟) : 깨닫게 됨 • 유(有) : 세속의 명리에 집착하는 마음이 있
음 • 무(無) : 세속적인 명리의 집착에서 벗어난 상태, 무심무욕의 경지 • 기(機)
: 기틀, 기미, 기밀.

속세도 신선의 영역이다

산림 시승지 일영연 변성시조 서화 시아사
山林은 是勝地나 一營戀하면 便成市朝하고 書畵는 是雅事나

일탐치 변성상고 개심무염착 욕계 시선도
一貪痴하면 便成商賈하나니 蓋心無染著이면 欲界도 是仙都요

심유계연 낙경 성고해의
心有係戀이면 樂境도 成苦海矣니라.

○ 풀이 산림은 경치가 좋다지만 한 번 집착하면 문득 저자(저잣거리)가
되고, 글씨와 그림은 고상한 일이나 한 번 탐내어 빠지게 되면 곧 장사
치가 된다. 대개 마음에 물들어 집착함이 없으면 속세도 신선의 영역이
요, 마음에 연연함이 있으면 낙원도 고해의 바다가 된다.

○ 주해 승지(勝地) : 경치 좋은 곳 • 영(營) : 인위적인 시설을 함 • 연(戀) :
집착함 • 시조(市朝) : 시장과 조정, 사람이 많이 모여드는 곳. 속세를 뜻함 •
서화(書畵) : 글씨와 그림 • 아사(雅事) : 우아한 일, 운치 있는 일, 고상한 일 •
탐치(貪痴) : 탐욕으로 얼이 빠진 상태 • 변(便) : 문득, 곧 • 상고(商賈) : 장사
치 • 염착(染著) : 더러움에 물들어 집착함 • 욕계(欲界) : 생사유전과 인과응
보를 거듭하는 속세를 뜻함. 불교에서는 이 세상을 삼계(三界), 즉 욕계(欲界),
색계(色界), 무색계(無色界)로 나누고 있음 • 선도(仙都) : 신선의 세계. 선향
(仙鄕), 선경(仙境) • 계련(係戀) : 얽매어 그리워함, 집착함, 연연함 • 낙경(樂
境) : 안락한 세계, 선경, 낙원 • 고해(苦海) : 고생의 바다, 괴로운 세계.

고요함과 시끄러움이 조금만 엇갈려도

시 당 훤 잡　　즉 평 일 소 기 억 자
時當喧雜하면 則平日所記憶者도

개 만 연 망 거　　경 재 청 녕
皆漫然忘去하고 境在淸寧하면

즉 숙 석 소 유 망 자　　우 황 이 현 전
則夙昔所遺忘者도 又恍爾現前하나니

가 견 정 조 초 분　　　혼 명 돈 이 야
可見靜躁稍分이라도 昏明頓異也로다.

○ 풀이　　떠들썩하고 혼잡한 때를 당하면 평소에 기억하던 것도 멍하니 다 잊어버리고, 맑고 평온한 곳에 있으면 일찍이 잊었던 것도 똑똑히 앞에 나타난다. 고요함과 시끄러움이 조금만 엇갈려도 마음의 어둠과 밝음이 뚜렷이 달라지는 것을 알 수 있다.

○ 주해　　훤잡(喧雜) : 떠들썩하고 혼잡함 • 개(皆) : 모두, 다 • 만연(漫然) : 멍하니 • 망거(忘去) : 망각, 잊음 • 청녕(淸寧) : 맑고 편안함 • 숙석(夙昔) : 일찍이, 지난날 • 유망(遺忘) : 잊어버리는 것 • 우(又) : 또한 • 황이(恍爾) : 뚜렷한 모습 • 정조(靜躁) : 고요함과 시끄러움 • 초분(稍分) : 조금 나누어짐 • 혼명(昏明) : 어두움과 밝음 • 돈이(頓異) : 판연히 다름, 뚜렷이 달라지는 것.

온갖 티끌 떨쳐지리라

노 화 피 하　　와 설 면 운　　보 전 득 일 와 야 기
蘆花被下에 臥雪眠雲하면 保全得一窩夜氣하고

죽 엽 배 중　　음 풍 농 월　　타 리 료 만 장 홍 진
竹葉杯中에 吟風弄月하면 躱離了萬丈紅塵이니라.

○ 풀이　　갈대꽃 이불 덮고 '눈밭에 누워 구름 속에 잠들면' 한 칸 방에
스며드는 밤기운을 보전할 수 있고, 댓잎 술잔 속에 바람을 읊조리고 달
을 희롱하면 속세의 온갖 티끌 모두 떨쳐지리라.

○ 주해　　노화피(蘆花被) : 갈대꽃을 넣어서 만든 이불 • 와설면운(臥雪眠雲) :
눈밭에 누워 구름 속에 잠듦, 산속의 소박한 오두막집 생활을 뜻함 • 와(窩) :
방 • 야기(夜氣) : 밤기운, 이욕과 사악함이 사라진 맑고 순수한 기운 • 죽엽배
(竹葉杯) : 술잔 • 음풍농월(吟風弄月) : 맑은 바람 속에 밝은 달을 감상함, 시를
짓는다는 뜻임 • 타리(躱離) : 몸을 피하여 떠나감 • 만장홍진(萬丈紅塵) : 붉은
먼지로 뒤덮인 속세. 더럽고 어지러운 속세.

속된 것은 고상한 것만 못하다

곤 면 행 중　　　착 일 려 장 적 산 인　　　　변 증 일 단 고 풍
袞冕行中에 著一藜杖的山人이면 便增一段高風하고

어 초 로 상　　　저 일 곤 의 적 조 사　　　전 첨 허 다 속 기
漁樵路上에 著一袞衣的朝士면 轉添許多俗氣하니

고 지 농 불 승 담　　　속 불 여 아 야
固知濃不勝淡하고 俗不如雅也로다.

○ 풀이　　높은 벼슬아치의 행렬 속에 명아주 지팡이를 짚은 은사(隱士) 한 사람이 섞여 있으면 곧 한결 고상한 멋을 더해 준다. 고기잡이와 나무꾼이 다니는 길 위에 관복 입은 벼슬아치가 한 사람 있으면 오히려 속된 기운만 더해 줄 뿐이다. 참으로 짙은 것은 담박한 것만 못하고 속된 것은 고상한 것만 못함을 알겠노라.

○ 주해　　곤면(袞冕) : 높은 벼슬아치의 예복과 예관, 고관을 뜻함 • 착(著) : 들어 있음, 섞여 있음 • 여장(藜杖) : 명아주로 만든 지팡이 • 적(的) : ~의 • 산인(山人) : 숨어 사는 선비. 선인(仙人) • 일단(一段) : 한결, 한층 • 고풍(高風) : 높은 풍취, 고상한 분위기, 높은 풍도, 고상한 멋 • 어초(漁樵) : 고기잡이와 나무꾼 • 조사(朝士) : 조정의 벼슬아치 • 전(轉) : 도리어, 오히려 • 허다(許多) : 수많은 • 고(固) : 진실로, 참으로 • 농(濃) : 짙은 것 • 불승(不勝) : ~을 이기지 못함, ~만 못함 • 담(淡) : 맑은 것, 담박한 것 • 불여(不如) : ~만 같지 못함, ~만 못함 • 아(雅) : 우아함, 고상함, 고아함.

마음을 밝히는 공부

출세 지 도　　즉 재 섭 세 중　　　불 필 절 인 이 도 세
出世之道는　卽在涉世中이니　不必絶人以逃世하고

요 심 지 공　　즉 재 진 심 내　　　불 필 절 욕 이 회 심
了心之功은　卽在盡心內니　不必絶欲以灰心이니라.

○ 풀이　　세속을 벗어나는 길은 바로 세상살이 속에 있으니 꼭 사람과의 사귐을 끊고 세상을 등질 필요는 없다. 마음을 밝히는 공부는 바로 마음의 도리를 다하는 속에 있으니 꼭 욕심을 끊어서 마음을 식은 재처럼 할 필요는 없다.

○ 주해　　출세(出世) : 속세를 벗어남 • 즉(卽) : 곧, 바로 • 섭세(涉世) : 세상을 살아가는 것 • 절인(絶人) : 세인과의 사귐을 끊음 • 도세(逃世) : 속세를 피해 숨어 살아감 • 요심(了心) : 심성(心性)을 깨달음 • 진심(盡心) : 마음의 도리를 다함 • 절욕(絶欲) : 물욕을 끊음, 욕심을 버림 • 회심(灰心) : 식은 재와 같이 생기 없는 마음.

이 마음을 늘 고요한 곳에

차 신   상 방 재 한 처   영 욕 득 실   수 능 차 견 아
此身을 常放在閒處면 榮辱得失로 誰能羞遣我하며

차 심   상 안 재 정 중   시 비 이 해   수 능 만 매 아
此心을 常安在靜中이면 是非利害로 誰能瞞眛我리오.

○ 풀이   이 몸을 늘 한가한 곳에 있게 한다면 영욕과 득실로 그 누가 나를 그릇되게 할 수 있으리오. 이 마음을 늘 고요한 곳에 안정시킨다면 시비와 이해로 그 누가 나를 속일 수 있으리오.

○ 주해   재(在) : ~에 • 한처(閒處) : 한가한 곳 • 영욕(榮辱) : 영광과 수치. 영예와 치욕 • 득실(得失) : 얻음과 잃음, 이익과 손실 • 차견(羞遣) : 그릇됨 • 시비(是非) : 옳음과 그름 • 만매(瞞眛) : 속이고 어리석게 함.

고요 속의 별천지

죽 리 하　홀 문 견 폐 계 명　황 사 운 중 세 계
竹籬下에 忽聞犬吠鷄鳴이면 恍似雲中世界요

운 창 중　아 청 선 음 아 조　방 지 정 리 건 곤
芸窓中에 雅聽蟬吟鴉噪면 方知靜裡乾坤이니라.

○ 풀이　　대나무 울타리 밑에서 홀연히 개 짖고 닭 우는 소리를 듣노라면 마치 구름 속 세계와 같이 황홀하고, 서재 안에서 한가롭게 매미 소리와 까마귀 울음을 듣노라면 바야흐로 고요 속의 별천지임을 알게 된다.

○ 주해　　죽리(竹籬) : 대나무 울타리 • 홀(忽) : 갑자기 • 견폐계명(犬吠鷄鳴) : 개 짖고 닭 우는 것 • 황(恍) : 황홀함 • 운중세계(雲中世界) : 구름 속의 세계, 선경(仙境), 선향(仙鄕)을 뜻함 • 운창(芸窓) : 서재. 운(芸)은 향풀로서 책 속에 넣어 좀벌레를 막았다고 함 • 아(雅) : 바로 • 선음(蟬吟) : 매미의 울음소리 • 아조(鴉噪) : 까마귀의 우짖는 소리 • 방(方) : 바야흐로 • 정리건곤(靜裡乾坤) : 고요 속의 별천지.

🔖 나아감을 다투지 않는다

아 불 희 영　　하 우 호 리 록 지 향 이
我不希榮이면 何憂乎利祿之香餌하며

아 불 경 진　　하 외 호 사 관 지 위 기
我不競進이면 何畏乎仕官之危機리오

○ 풀이　내가 영달을 바라지 않으니 어찌 이익과 봉록의 달콤한 미끼
를 근심하며, 내가 나아감을 다투지 않으니 어찌 벼슬살이의 위험을 두
려워하리오.

○ 주해　희(希) : 바람, 희구함 • 영(榮) : 영화, 영달 • 호(乎) : 전치사 • 이록
(利祿) : 이익과 봉록 • 향이(香餌) : 향기로운 미끼, 달콤한 유혹 • 경진(競進) :
진급을 다툼, 승진을 경쟁함 • 사관(仕官) : 벼슬살이.

경지를 빌어 마음을 바르게 한다

상 양 어 산 림 천 석 지 간　　이 진 심 점 식
徜徉於山林泉石之間하면 而塵心漸息하고

이 유 어 시 서 도 화 지 내　　이 속 기 잠 소
夷猶於詩書圖畵之內하면 而俗氣潛消하나니

고　　군 자　　수 불 완 물 상 지　　역 상 차 경 조 심
故로 君子는 雖不玩物喪志나 亦常借境調心이니라.

○ 풀이　　숲속과 샘, 바위 사이를 거니노라면 때 묻은 마음은 어느새 사라지고, 시서와 그림 속에 노니노라면 속된 기운은 절로 없어진다. 그러므로 군자는 진기한 물건에 빠져도 본심을 잃지 않을 뿐더러 또한 늘 그윽한 경지를 빌어 마음을 바르게 한다.

○ 주해　　상양(徜徉) : 거닐다, 배회하다, 소요하다 • 진심(塵心) : 때 묻은 마음, 속세의 먼지, 속세의 욕심 • 점식(漸息) : 점차 사라짐 • 이유(夷猶) : 한가히 노니는 것, 마음을 노닐게 함, 이(夷)는 평(平), 유(猶)는 유(悠)를 뜻함 • 잠소(潛消) : 저절로 사라짐, 모르는 사이에 소멸됨 • 수(雖) : 비록 • 완물(玩物) : 진기한 물건을 너무 사랑함, 사람을 희롱하면 덕을 잃고, 물건을 애완(愛玩)하면 뜻을 잃게 된다.〔완인(玩人)하면 상덕(喪德)하고 완물(玩物)하면 상지(喪志)하리이다 서경, 주서, 여오편〕• 차경(借境) : 그윽한 경지를 빌림, 우아한 멋을 빌림. 고상한 운치를 빌림 • 조심(調心) : 마음을 고름, 마음을 조절함, 마음을 바르게 함.

시심을 지닌 이는 시인의 참 멋을 얻을 수 있다

일 게 불 식　　　이 유 시 의 자　　득 시 가 진 취
一字不識이라도 而有詩意者는 得詩家眞趣요

일 게 불 참　　　이 유 선 미 자　　오 선 교 현 기
一偈不參이라도 而有禪味者는 悟禪敎玄機니라.

○ 풀이　　글자 한 자 모를지라도 시심을 지닌 이는 시인의 참 멋을 얻을
수 있고, 게송 한 구절 익히지 않아도 선의 묘한 맛을 지닌 이는 선교의
깊고 신비한 기틀을 깨닫느니라.

○ 주해　　시의(詩意) : 시적 정서, 시심(詩心) • 사가(詩家) : 시인 • 진취(眞趣) :
참된 흥취, 참멋 • 게(偈) : 선(禪)의 묘지(妙旨)를 읊은 게송(偈頌) • 참(參) : 가
르침을 받고 익힘 • 선미(禪味) : 선(禪)의 깊고 신비한 뜻 • 오(悟) : 깨닫다 •
현기(玄機) : 오묘한 기미, 현묘한 작용, 깊고 신비한 기틀.

봄은 가을보다 못하다

춘 일　　기 상　　번 화　　　　영 인 심 신 태 탕
春日은 氣象이 繁華하여 令人心神駘蕩이나

불 약 추 일　　운 백 풍 청　　　난 방 계 복
不若秋日의 雲白風淸하고 蘭芳桂馥하며

수 천 일 색　　　상 하 공 명　　사 인 신 골 구 청 야
水天一色으로 上下空明하여 使人神骨俱淸也니라.

○ 풀이　　봄날의 기상은 변화하여 사람의 몸과 마음을 들뜨고 즐겁게
하지만, 가을날은 흰 구름과 맑은 바람 속에 난초는 아름답고 계수나무
는 향기로우며, 물과 하늘이 온통 한 빛이고 천지에 달이 환히 밝아 사
람의 몸과 마음을 아울러 맑게 해주니 봄이 어찌 가을만 하리오!

○ 주해　　태탕(駘蕩 : 마음이 넓고 큼, 마음이 호탕함, 봄날의 들뜨고 즐거운 기분·
불약(不若) : ~만 같지 못함, ~만 못함·방(芳) : 꽃다움, 아름다움·복(馥) : 향
기로움·수천일색(水天一色) : 물과 하늘이 한 빛임. 왕발의 동왕각서에 가을
빛을 띤 강물은 끝없이 긴 하늘과 한빛이로다(추수(秋水)는 공장천일색(共長
天一色)라고 했으며, 소자첨의 적벽부에 흰이슬은 강에 비치고 물빛은 하늘에
닿은 듯 아득하도다.[백로(白露)는 횡강(橫江)하고 수광(水光)은 접천(接天)이
라)라고 함·상하(上下) : 하늘과 땅, 천지·공명(空明) : 달빛이 물속에 비치고
있음.·신골(神骨) : 마음과 몸, 정신과 육체, 골(骨)은 뼈, 즉 육체를 뜻함.

菜根譚 마음이 가라앉으면

기 동 적　　　궁 영　　　의 위 사 갈　　　침 석　　　시 위 복 호
機動的은 弓影도 疑爲蛇蝎하고 寢石더 視爲伏虎하나니

차 중　　　혼 시 살 기　　　염 식 적　　　석 호　　　가 작 해 구
此中에 渾是殺氣요 念息的은 石虎도 可作海鷗하며

와 성　　　가 당 고 취　　　　촉 처　　　구 시 진 기
蛙聲도 可當鼓吹하나니 觸處에 俱是眞機니라.

○ 풀이　　마음이 흔들리면 활 그림자도 뱀으로 의심하고 누운 바위도 엎드린 범으로 보이니, 이 속에는 온통 죽이는 기운뿐이다. 마음이 가라앉으면 석호도 바다갈매기처럼 되고, 개구리 소리도 음악으로 들리니, 이르는 곳마다 참된 기미를 보게 된다.

○ 주해　　기동(機動) : 심기가 흔들림, 마음이 동요됨 • 사갈(蛇蝎) : 뱀, 전갈 • 침석(寢石) : 쓰러진 돌, 누운 바위. • 살기(殺氣) : 해치는 기운, 죽이는 기운 • 염식(念息) : 마음을 침착하게 함, 마음을 가라앉게 함 • 석호(石虎) : 진서(晉書) 불도징전(佛圖澄傳)에 나오는 고사. • 해구(海鷗) : 바다갈매기. • 와성가당고취(蛙聲可當鼓吹) : 개구리 울음소리도 음악으로 들림. • 촉처(觸處) : 닿은 곳, 이르는 곳, 가는 곳 • 구(俱) : 모두, 다 • 진기(眞機) : 참된 작용, 참된 기미, 참된 기틀.

🟥 흘러가고 멈춤을 내맡길 일이다

신 여 불 계 지 주   일 임 유 행 감 지
身如不繫之舟라 一任流行坎止하고

심 사 기 회 지 목   하 방 도 할 향 도
心似旣灰之木이라 何妨刀割香塗리오.

○ 풀이   몸은 매어두지 않은 배와 같으니 흘러가고 멈춤을 내맡길 일
이요, 마음은 이미 생기 없는 나무와 같으니 칼로 자르고 향을 칠함을
어찌 막으리오.

○ 주해   불계지주(不繫之舟) : 매어 두지 않은 배. 장자 열어구편과 소동파의
시에서 나오는 구절임 • 일임(一任) : 완전히 맡기는 것 • 유행(流行) : 흘러
감 • 감지(坎止) : 멈춤, 정지함 • 기회지목(旣灰之木) : 마른나무, 고목(枯木),
생기 없는 나무 • 하방(何妨) : 어찌 막으리오 • 도할(刀割) : 땔감으로 쓰기 위
해 칼로 쪼갬 • 향도(香塗) : 향을 칠함.

만일 본성으로 보게 된다면

인정   청앵제즉희   문와명즉염
人情은 聽鶯啼則喜하고 聞蛙鳴則厭하며

견화즉사배지   우초즉욕거지   단시이형기용사
見花則思培之하고 遇草則欲去之하나니 但是以形氣用事라.

약이성천시지   하자비자명기천기   비자창기생의야
若以性天視之하면 何者非自鳴其天機며 非自暢其生意也리오.

○ 풀이   사람의 정(人情)은 꾀꼬리 소리를 들으면 기뻐하고 개구기 울음을 들으면 싫어하며, 꽃을 보면 가꾸고 싶어 하고, 풀을 보면 뽑고자 하니, 이는 다만 형체와 기질로써 사물을 나누기 때문이다. 만일 본성으로 보게 된다면 그 어느 것인들 하늘의 기미를 울림이 아니며 스스로 살고자 하는 뜻을 폄이 아니리오.

○ 주해   배(培) : 북돋움, 배양함 • 거(去) : 제거함, 없앰 • 형기(形氣) : 형체와 기질 • 용사(用事) : 일을 함, 여기서는 나누다, 구분하다의 뜻임 • 성천(性天) : 찬성, 본성 • 천기(天機) : 하늘의 기틀, 하늘의 기미, 하늘의 작용 • 자창(自暢) : 스스로 펴 나감. 스스로 창달함 • 생의(生意) : 살고자 하는 뜻, 생생발육(生生發育)의 뜻, 삶의 뜻.

타고난 성품의 변함없는 이치

발 락 치 소   임 환 형 지 조 사
髮落齒疎는 任幻形之彫謝하고

조 음 화 소   식 자 성 지 진 여
鳥吟花笑는 識自性之眞如니라.

○ 풀이   머리카락이 빠지고 이가 성글어지는 것은 허깨비 같은 육신의
시들어짐에 맡기고, 새의 지저귐, 꽃의 미소에서 타고난 성품의 변함없
는 이치를 알도록 하라.

○ 주해   치소(齒疎) : 이가 빠짐, 늙어감 • 임(任) : 맡김 • 환형(幻形) : 헛된 형
상, 거짓 형체, 육신, 몸 • 조사(彫謝) : 시들어 물러감, 시들어 변하는 것. 조
(彫)는 조(凋:시들다)와 같음 • 식(識) : 알다, 인식하다 • 자성(自性) : 타고난 성
품, 타고난 본성 • 진여(眞如) : 늘 있고 변하지 않는 우주만물의 근본 성품. 불
성(佛性).

마음을 비운 사람

욕 기 중 자   파 비 한 담   산 림   불 견 기 적
欲其中者는 波沸寒潭하여 山林에 不見其寂하고

허 기 중 자   양 생 혹 서   조 시   부 지 기 훤
虛其中者는 涼生酷暑하여 朝市에 不知其喧하느니라.

○ 풀이   마음이 욕심으로 가득 찬 사람은 차가운 못에 물결이 끓어오르는 듯하여 산림에서도 고요함을 보지 못한다. 마음을 비운 사람은 혹심한 더위 속에서 서늘함이 일어나듯 하여 저자에서도 시끄러움을 느끼지 못한다.

○ 주해   욕기중(欲其中) : 마음속에 욕심이 가득 차 있음 • 파비한담(波沸寒潭) : 차가운 연못에서 물결이 끓어오르는 것, 욕심으로 마음이 흔들리고 있음을 비유한 말임 • 적(寂) : 고요함, 적막함 • 허기중(虛其中) : 마음속이 욕심이 없이 비어 있음 • 양생혹서(涼生酷暑) : 혹심한 더위 속에서도 서늘함이 일어남, 마음이 고요함을 비유한 말임 • 조시(朝市) : 사람이 많이 모이는 곳, 시장, 저자거리 • 훤(喧) : 떠들썩함, 시끄러움.

많이 가진 사람은 많이 잃는다

多藏者는 厚亡하나니 故로 知富不如貧之無慮요

高步者는 疾顚하나니 故로 知貴不如賤之常安이니라.

○ 풀이　많이 가진 사람은 많이 잃는다. 그러므로 부유함이 가난하면서도 근심 없는 것만 같지 못함을 알 수 있겠다. 높은 데를 걸어가는 사람은 빨리 넘어진다. 그러므로 귀함이 천하면서도 늘 편안한 것만 같지 못함을 알 수 있겠다.

○ 주해　다장(多藏) : 많이 감추어 둠, 많이 가지고 있음 • 후망(厚亡) : 많이 잃어버림, 많이 상실함 • 무려(無慮) : 근심이 없음 • 고보(高步) : 높은 데를 걸어감, 출세함 • 질전(疾顚) : 빨리 넘어짐.

🍵 대나무 숲 바람결이 경쇠를 울린다

독 역 효 창　　단 사　　연 송 간 지 로
讀易曉窓에 丹砂를 研松間之露하며

담 경 오 안　　보 경　　선 죽 하 지 풍
談經午案에 寶磬을 宣竹下之風이니라.

○ 풀이　　밝아오는 창가에서 역경(易經)을 읽고 소나무 이슬로 붉은 먹을 간다. 한낮 책상 앞에 불경을 이야기하고 대나무 숲 바람결이 경쇠(돌로 만든 타악기)를 울린다.

○ 주해　　역(易) : 주역, 역경 • 효(曉) : 새벽 • 단사(丹砂) : 붉은 먹 • 연(研) : 갈다 • 로(露) : 이슬 • 담(談) : 이야기함, 담론함 오(午) : 한낮 • 안(案) : 책상 • 보경(寶磬) : 경쇠(돌로 만든 타악기)

꽃이 화분 속에 있으면 생기가 없다

화 거 분 내　　종 핍 생 기　　　조 입 롱 중　　　변 멸 천 취
花居盆內면　終乏生機하고　鳥入籠中이면　便滅天趣하나니

불 약 산 간 화 조　　착 집 성 문　　　고 상 자 약
不若山間花鳥가　錯集成文하고　翶翔自若하여

자 시 유 연 회 심
自是悠然會心이니라.

○ 풀이　　꽃이 화분 속에 있으면 끝내 생기가 없고, 새가 새장 안에 들면 곧 자연의 맛이 줄어드니, 산속의 꽃과 새가 한데 어울려 문채(文彩)를 이루고 마음대로 날아다녀 스스로 유유히 즐거워하는 것만 같지 못하도다.

○ 주해　　분(盆) : 화분 • 핍(乏) : 모자람, 결핍됨 • 생기(生機) : 생기(生氣) • 농중(籠中) : 새장 속 • 천취(天趣) : 자연 그대로의 맛 • 착(錯) : 뒤섞임 • 성문(成文) : 문채를 이룸, 무늬를 이룸 • 고상(翶翔) : 날아다님 • 자약(自若) : 자유로운 모양, 태연한 모습 • 유연(悠然) : 여유 있고 편안한 모양, 한가롭고 자약한 모습 • 회심(悠然) : 마음에 깨달음, 마음에 맞아 유쾌함.

이 몸이 내가 아님을 안다면

세인   지연인득아자태진
世人이 只緣認得我字太眞이라

고   다종종기호   종종번뇌
故로 多種種嗜好하고 種種煩惱라

전인   운   불부지유아   안지물위귀
前人이 云하되 不復知有我어늘 安知物爲貴리오

우운   지신불시아   번뇌갱하침   진파적지언야
又云하되 知身不是我면 煩惱更何侵고 眞破的之言也로다.

○ 풀이   세상 사람들은 다만 나(我)라는 글자를 너무 참된 것으로 알기 때문에 온갖 기호와 번뇌가 생긴다. 옛사람이 이르기를 '내가 있음도 알지 못하는데 어찌 물건의 귀함을 알리오.'라고 하였고, 또 이르기를 '이 몸이 내가 아님을 안다면 번뇌가 어찌 다시 침범하리오.'라고 하였으니, 참으로 이치를 꿰뚫어본 말이로다.

○ 주해   지(只) : 다만 • 연(緣) : ~ 때문에 • 인득(認得) : 알아차림, 인식함 • 아(我) : 소아(小我) • 태진(太眞) : 지나치게 참됨 • 종종(種種) : 갖가지, 온갖 • 기호(嗜好) : 좋아하는 것, 즐기는 것 • 전인(前人) : 옛사람, 도연명의 시를 인용함 • 안(安) : 어찌 • 우운(又云) : 또 이르기를, 출전이 밝혀지지 않음 • 파적(破的) : 과녁을 꿰뚫음, 적중함, 진리를 간파함, 이치를 꿰뚫어봄.

늙은이의 눈으로 젊음을 보면

자 로 시 소
自老視少하면

가 이 소 분 치 각 축 지 심
可以消奔馳角逐之心이요

자 췌 시 영
自瘁視榮하면

가 이 절 분 화 미 려 지 념
可以絶紛華靡麗之念이니라.

○ 풀이　　늙은이의 눈으로 젊음을 보게 되면 바삐 달리고 서로 다투는 마음을 없앨 수 있고, 쇠락한 눈으로 영화로움을 보게 되면 호화롭고 사치스러운 생각을 끊어 버릴 수 있으리라.

○ 주해　　자(自) : ~로부터 • 소(少) : 소장, 젊음 • 분치(奔馳) : 명예와 이득을 좇아 바삐 뛰어다님 • 각축(角逐) : 원래는 교미기에 든 숫사슴의 싸움에서 나온 말임. 각축전, 치열한 다툼 • 췌(瘁) : 파리해짐, 병들음, 야윔, 쇠퇴함 • 분화미려(紛華靡麗) : 화려하고 사치스러운 것.

🔖 너무 참된 것으로 여겨서는 안 된다

인 정 세 태　　숙 홀 만 단　　불 의 인 득 태 진
人情世態는 倏忽萬端이니 不宜認得太眞이니라.

요 부　　운　　석 일 소 운 아　　이 금 각 시 이　　부 지 금 일 아
堯夫가 云하되 昔日所云我도 而今却是伊니 不知今日我인들

우 속 후 래 수　　　인　　당 작 시 관　　변 가 해 각 흉 중 견 의
又屬後來오 하니 人이 當作是觀하면 便可解却胸中罥矣리라.

○ 풀이　　　인정과 세태는 잠깐 사이에 여러 가지로 변하니 너무 참된 것
으로 여기지는 말라. 소강절이 이르기를 '지난날 내 것이라고 하던 것이
오늘에는 도리어 저 사람의 것으로 되었으니, 오늘 내 것이 내일에는 또
누구의 것이 될지 알지 못하겠노라.'라고 했거늘 사람이 늘 이렇게 사물
을 바라본다면 곧 가슴속의 얽매임을 풀 수 있으리라.

○ 주해　　　세태(世態) : 세상의 모습 • 숙홀(倏忽) : 갑자기 • 만단(萬端) : 여러
가지 모양, 온갖 모습 • 요부(堯夫) : 송대의 성리학자인 소강절(邵康節)의 자
(子), 이른은 옹(雍). 강절(康節)은 시호임. 저서에는 황극경세서, 이천격양집
등이 있음 • 석일(昔日) : 지난날 • 아(我) : 나, 나의 것 • 이금(而今) : 오늘날 •
각(却) : 도리어, 오히려 • 이(伊) : 저 사람 • 우(又) : 또 • 속(屬) : 소속됨, 속
함 • 작시관(作是觀) : 이렇게 본다면, 이런 관점을 지닌다면 • 해각(解却) : 풀
어 버림 • 견(罥) : 얽매임, 걸림.

냉철한 안목과 뜨거운 마음

열 뇨 중　　착 일 냉 안　　　변 생 허 다 고 심 사
熱鬧中에 著一冷眼하면 便省許多苦心思요

냉 락 처　　존 일 열 심　　　변 득 허 다 진 취 미
冷落處에 存一熱心하면 便得許多眞趣味니라.

○ 풀이　　바쁘고 시끄러운 때에도 냉철한 안목을 지닌다면 곧 많은 괴로운 생각을 덜 수 있고, 어렵고 외로운 형편에서도 뜨거운 마음을 잃지 않는다면 곧 많은 참된 취미를 얻게 된다.

○ 주해　　열뇨(熱鬧) : 바쁘고 시끄러움 • 냉안(冷眼) : 냉정한 눈, 냉철한 안목 • 고심사(苦心思) : 괴로운 생각, 근심 • 냉락(冷落) : 몰락, 영락, 쇠락 • 열심(熱心) : 뜨거운 마음, 열정, 의욕.

비로소 안락한 보금자리

유 일 낙 경 계   취 유 일 불 락 적 상 대 대
有一樂境界하면 就有一不樂的相對等하고

유 일 호 광 경   취 유 일 불 호 적 상 승 제
有一好光景하면 就有一不好的相乘除하나니

지 시 심 상 가 반   소 위 풍 광   재 시 개 안 락 적 와 소
只是尋常家飯과 素位風光이라야 纔是個安樂的窩巢니라.

○ 풀이　　한편에 즐거운 국면이 있으면 다른 한편에 즐겁지 않은 것이
있어 서로 상대를 이룬다. 한편에 좋은 풍경이 있으면 다른 한편에 좋지
못한 것이 있어 서로 맞비기게 된다. 다만 늘 집에서 먹는 밥과 벼슬 없
는 삶이 비로소 안락한 보금자리가 된다.

○ 주해　　상대대(相對等) : 서로 마주 섬, 서로 대립함 • 광경(光景) : 경치, 풍
경 • 상승제(相乘除) : 서로 곱하여 나눔, 서로 맞비김 • 심상가반(尋常家飯) :
집에서 늘 먹는 반찬 없는 밥 • 소위(素位) : 관직이 없음, 벼슬이 없음 • 풍광
(風光) : 경치, 모습 • 와소(窩巢) : 굴과 둥지, 보금자리.

이룬 것은 반드시 무너진다

지 성 지 필 패 　　즉 구 성 지 심 　　불 필 태 견
知成之必敗면　則求成之心이　不必太堅하고

지 생 지 필 사 　　즉 보 생 지 도 　　불 필 과 로
知生之必死면　則保生之道에　不必過勞니라.

○ 풀이　　이룬 것은 반드시 무너지게 됨을 알면 이루려는 마음이 반드시 지나치게 굳지는 않을 것이며, 산 것은 반드시 죽게 됨을 알면 삶을 지키려는 일에 반드시 너무 애쓰지는 않게 될 것이다.

○ 주해　　구성지심(求成之心) : 이루려고 하는 마음, 성취하기를 바라는 마음 • 태(太) : 지나치게, 너무 • 견(堅) : 굳음 • 보생지도(保生之道) : 삶을 보전하려는 노력, 생명을 지키려고 하는 방안, 양생법, 장수법 • 과로(過勞) : 너무 애씀, 지나치게 수고함.

🔖 달빛이 연못을 뚫어도 물에는 흔적이 없다

고 덕　　운　　　죽 영 소 계 진 부 동
古德이 云하되 竹影掃階塵不動이요

월 륜 천 소 수 무 흔　　　　　오 유　　운
月輪穿沼水無痕이라 하며 吾儒가 云하되

수 류 임 급 경 상 정　　화 락 수 빈 의 자 한
水流任急境常靜이요 花落雖頻意自閒이라

인 상 지 차 의　　이 응 사 접 물　　신 심　　하 등 자 재
人常持此意의 以應事接物이면 身心이 何等自在리오.

○ 풀이　　옛 고승이 말하기를 '대나무 그림자가 섬돌을 쓸어도 티끌이 일지 않고, 달빛이 연못을 뚫어도 물에는 흔적이 없다.'고 하였고, 우리의 선비가 말하기를 '흐르는 물은 빨라도 그 가장자리는 언제나 고요하고, 꽃은 비록 자주 지지만 마음은 저절로 한가하도다.'라고 했으니 사람이 늘 이런 뜻을 가지고 사물과 접촉한다면 몸과 마음이 어찌 자유롭지 않으리오.

○ 주해　　고덕(古德) : 옛날 덕이 높은 스님. 이 구절은 보등록에 수록된 당(唐)의 설봉화상(雪峰和尚)의 글임 • 원륜천소(月輪穿沼) : 둥근 달빛이 연못 깊이 잠겨 있음 • 무흔(無痕) : 흔적이 없음 • 오유(吾儒) : 우리의 선비. 유가(儒家). 여기서는 송(宋)의 성리학자 소강절 선생을 뜻함 • 응사접물(應事接物) : 사물에 접촉함 • 하등(何等) : 얼마나 ~하리오 • 자재(自在) : 자유로운 것.

245

천지의 으뜸가는 문장

임간송운　　석상천성　　정리청래　　식천지자연명패
林間松韻과　石上泉聲도　静裡聽來면　識天地自然鳴佩하고

초제연광　　수심운영　　한중관거　　견건곤최상문장
草際烟光과　水心雲影도　閒中觀去면　見乾坤最上文章이니라.

○ 풀이　숲 사이 솔바람 소리, 돌 틈의 샘물 소리를 고요한 가운데 들으면 천지자연의 음악임을 알게 되고, 풀섶의 안개빛, 물속의 구름 그림자를 한가한 가운데 바라보면 천지의 으뜸가는 문장임을 알게 된다.

○ 주해　송운(松韻) : 솔바람 소리 • 내(來) : 어조사, 뜻은 없음 • 명패(鳴佩) : 패옥소리, 음악을 뜻함 • 초제(草際) : 풀섶, 풀사이 • 연광(烟光) : 안개빛 • 수심운영(水心雲影) : 물속에 비친 구름 그림자 • 한중(閒中) : 한가한 가운데, 고요함 속에.

🏮 사람의 마음은 채우기 어렵다

안 간 서 진 지 형 진   유 긍 백 인
安看西晉之荊榛하되 猶矜白刃하고

신 속 북 망 지 호 토   상 석 황 금
身屬北邙之狐兔로되 尙惜黃金이라.

어   운   맹 수   이 복   인 심   난 항
語에 云하되 猛獸는 易伏이나 人心은 難降하며

계 학   이 만   인 심   난 만   신 재
谿壑은 易滿이나 人心은 難滿이라 하니 信哉로다.

○ 풀이   눈으로 서진의 가시밭을 보면서도 오히려 시퍼런 칼날을 으스대고, 몸은 북망산의 여우와 토끼에 맡겨질 것인데도 도리어 황금을 아까워한다. 옛말에 이르기를 '사나운 짐승은 길들이기 쉬워도 사람의 마음은 항복받기가 어렵고, 골짜기는 채울 수 있어도 사람의 마음은 채우기 어렵다.'고 한 것은 참으로 옳은 말이로다.

○ 주해   서진(西晉) : 사마염이 조위(曹魏)를 멸하고 세운 왕조(AD265~316년 까지 존속됨) • 형진(荊榛) : 가시덤불. 본문에서는 서진이 내란과 외침으로 멸망하고 그 도읍 낙양은 가시덤불과 잡초로 뒤덮이게 된 것을 말함 • 유(猶) : 오히려 • 백인(白刃) : 흰 칼날, 시퍼런 칼날 • 북망(北邙) : 낙양(洛陽) 북쪽에 있는 산, 옛날부터 공동묘지가 있었으므로 죽음을 북망산에 간다고 함 • 호토(狐兔) : 여우와 토끼 • 어(語) : 옛말, 속담 • 계학(谿壑) : 골짜기.

마음에 바람과 물결이 일지 않으면

심지 상   무 풍 도   수 재   개 청 산 녹 수
心地上에 無風濤면 隨在에 皆靑山綠水요

성 천 중   유 화 육   촉 처   견 어 약 연 비
性天中에 有化育이면 處觸에 見魚躍鳶飛니라.

○ 풀이   마음에 바람과 물결이 일지 않으면 가는 곳마다 푸른 산, 맑은
물이요, 천성 속에 만물을 기르는 기운이 있으면 이르는 곳마다 고기가
뛰어오르고 솔개가 나는 것을 보리라.

○ 주해   심지(心地) : 마음 • 무풍도(無風濤) : 바람과 파도가 일지 않음 • 수
재(隨在) : 가는 곳마다, 이르는 곳마다 • 성천(性天) : 천성 • 화육(化育) : 만물
을 기르고 자라나게 함 • 촉처(處觸) : 이르는 곳마다 • 어약연비(魚躍鳶飛) :
못에는 고기가 뛰어오르고 하늘에는 솔개가 날아다님. 모든 생명이 자연 속
에서 구김살 없이 살아가는 모습을 말함.

사물의 얽매임에서 벗어나는 길

어 득 수 서   이 상 망 호 수   조 승 풍 비   이 부 지 유 풍
魚得水逝로되 而相忘乎水하고 鳥乘風飛로되 而不知有風하니

식 차   가 이 초 물 루   가 이 낙 천 기
識此면 可以超物累하고 可以樂天機니라.

○ 풀이　고기는 물을 얻어 헤엄을 치건만 물을 잊고, 새는 바람을 타고 날건만 바람이 있음을 알지 못한다. 이런 이치를 알면, 사물의 얽매임에서 벗어날 수도 있고, 하늘의 오묘한 작용을 즐길 수도 있는 것이다.

○ 주해　서(逝) : 가다, 헤엄치다. • 상망(相忘) : 서로 잊음 • 물루(物累) : 외물에 얽매임, 사물의 번거로움 • 천기(天機) : 하늘의 오묘한 작용.

🏮 스스로 만족해야 한다

아 관 대 대 지 사
峨冠大帶之士도

일 단 도 경 사 소 립   표 표 연 일 야   미 필 부 동 기 자 차
一旦睹輕蓑小笠으로 飄飄然逸也하면 未必不動其咨嗟하고

장 연 광 석 지 호
長筵廣席之豪도

일 단 우 소 렴 정 궤   유 유 언 정 야   미 필 부 증 기 권 연
一旦遇疏簾淨几로 悠悠焉靜也하면 未必不增其綣戀하나니

인 내 하 구 이 화 우   유 이 풍 마   이 불 사 자 적 기 성 재
人奈何驅以火牛하고 誘以風馬하되 而不思自適其性哉아.

○ 풀이   높은 관에 큰 띠를 두른 선비라도, 한번 가벼운 도롱이와 작은
삿갓을 쓴 이의 가볍고 편안한 모습을 보면 반드시 부러워 탄식하지 않
을 수 없으리라. 길고도 널찍한 자리를 차지한 부자라도 한번 성긴 발,
깨끗한 책상에서 한가롭고 고요하게 보내는 이를 만나면 반드시 그리
워하는 마음이 일지 않을 수 없으리다. 사람들은 어찌하여 '꼬리에 불을
붙인 소'로써 몰아치고, 바람난 말로써 꾀일 줄은 알면서 본성에 스스로
만족할 줄은 모르는가.

○ 주해　아관대대(峨冠大帶) : 높은 관과 큰 띠, 높은 벼슬아치의 예복 • 일단 (一旦) : 한번 • 경사소립(輕蓑小笠) : 가벼운 도롱이와 작은 삿갓, 농부, 은자의 복장 • 표표연(飄飄然) : 가볍게 나는 것 같은 모습, 경쾌한 모양 • 일(逸) : 한 가하고 편안함 • 미필부(未必不) : 꼭 ~하지 않을 수는 없다 • 자차(咨嗟) : 탄 식함 • 장연광석(長筵廣席) : 길고 널찍한 자리 • 호(豪) : 부호, 부유한 사람 • 소렴(疏簾) : 성긴 발 • 정궤(淨几) : 깨끗한 책상 • 증(增) : 더함 • 권련(綣戀) 그리워함, 동경함 • 화우(火牛) : 사마천의 사리, 전단열전에 있는 이야기. 연 의 침공으로 제나라는 70여 성을 잃고 위기에 몰리게 된다. 이에 즉묵 땅을 지키던 전단은 천여 마리의 소를 모아 꼬리에는 갈대를 매달고 지키던 쇠뿔 에는 칼날을 맨 후 밤중에 연군의 진영으로 쳐들어가게 했다. 이 싸움에서 제 의 장수 기겁은 전사하고 승세를 몰아 전단은 잃었던 70여 성을 수복하였 다 • 풍마(風馬) : 바람난 말, 발정기의 말.

융성하고 쇠퇴함은 항상 다르다

호 면 패 체 토 주 황 대 진 시 당 년 가 무 지 지
狐眠敗砌하고 兎走荒臺하니 盡是當年歌舞之地요

노 냉 황 화 연 미 쇠 초 실 속 구 시 쟁 전 지 장
露冷黃花하고 烟迷衰草하니 悉屬舊時爭戰之場이라.

성 쇠 하 상 강 약 안 재 염 차 영 인 심 회
盛衰何常이며 强弱安在리오 念此면 令人心灰로다.

○ 풀이　　여우는 무너진 섬돌에서 잠자고 토끼는 황폐한 누대 위를 달
리니 이 모두 지난 시절 노래하고 춤추던 터전이다. 이슬은 국화에 떨어
져 싸늘하고 안개는 시든 풀에 감도니 이 모두 옛날의 싸움터이다. 융성
하고 쇠퇴함이 어찌 늘 같으며 강자와 약자는 어디에 있는가? 이것을
생각하면 마음은 식은 재처럼 싸늘해진다.

○ 주해　　패체(敗砌 : 무너진 돌층계, 허물어진 섬돌 • 황대(荒臺) : 황폐한 누대 •
당년(當年) : 그 시절, 그때 • 황화(黃花) : 국화 • 쇠초(衰草) : 시든 풀 • 안재(安
在) : 어디에 있는가? • 심회(心灰) : 식은 재처럼 싸늘해진 마음.

📜 부나비와 올빼미 같은 사람들

총 욕 　 불 경 　 　 한 간 정 전 화 개 화 락
寵辱에 不警하니 閒看庭前花開花落하고

거 류 　 무 의 　 　 만 수 천 외 운 권 운 서
去留에 無意하니 漫隨天外雲卷雲舒니라.

청 공 낭 월 　 　 하 천 　 　 불 가 고 상 　 　 　 　 이 비 아 　 　 독 투 야 촉
晴空朗月에 何天을 不可翶翔이리오마는 而飛蛾는 獨投夜燭하고

청 천 녹 훼 　 　 하 물 　 　 불 가 음 탁 　 　 　 　 이 치 효 　 　 편 기 부 서
淸泉綠卉에 何物은 不可飮啄이리오마는 而鴟鴞는 偏嗜腐鼠하니

희 　 　 세 지 불 위 비 아 치 효 자 　 　 기 하 인 재
噫라 世之不爲飛蛾鴟鴞者가 幾何人哉리오.

○ 풀이　　총애와 굴욕에 놀라지 않으며 한가로이 뜰 앞에 피고 지는 꽃을 바라보고, 가고 머무름에 뜻이 없으니 무심히 하늘가의 걷히고 흩어지는 구름을 따른다. 하늘은 맑고 달은 밝으니 어디인들 날 데가 없으리오마는 부나비는 홀로 밤 촛불에 뛰어들고, 샘 맑고 풀 푸르니 무엇인들 먹고 마실 것이 없으리오마는 올빼미는 오직 썩은 쥐만을 즐기는구나. 아! 세상에서 부나비와 올빼미 같지 않은 이 몇이나 되랴!

○ 주해　　총욕(寵辱) : 총애와 굴욕 • 거류(去留) : 떠남과 머무름 • 만(漫) : 무심히, 한가로이 • 수(隨) : 따름 • 운권운서(雲卷雲舒) : 구름이 걷히고 펼쳐지는 것 • 고상(翶翔) : 날아다님 • 비아(飛蛾) : 부나비, 나방 • 녹훼(綠卉) : 푸른 풀 • 탁(啄) : 부리로 쪼아먹음 • 치효(鴟鴞) : 올빼미 • 희(噫) : 아! 감탄사 • 기하(幾何) : 얼마나, 얼마쯤 • 재(哉) : 영탄을 나타내는 종미사.

253

뗏목에 오르자마자 뗏목을 버리다

재 취 벌　　　　변 사 사 벌　　　　방 시 무 사 도 인
纔就筏하여　便思舍筏하면　方是無事道人이나

약 기 려　　　　우 부 멱 려　　　　종 위 불 료 선 사
若騎驢하여　又復覓驢하면　終爲不了禪師이리라.

○ 풀이　　겨우 뗏목에 오르자마자 바로 뗏목을 버릴 생각을 하면 바야
호로 그는 일 없는 도인이다. 만일 나귀를 타고도 또다시 나귀를 찾으면
끝내 깨닫지 못한 선사이니라.

○ 주해　　재(纔)　：겨우~하자마자 • 취벌(就筏) : 뗏목에 오름 • 사(舍) : 버
림 • 방시(方是) : 바야흐로 ~이다 • 무사도인(無事道人) : 도를 깨달아 번뇌와
얽매임에서 벗어난 사람 • 기려우부멱려(騎驢又復覓驢) : 나귀를 타고 또다시
나귀를 찾음. • 불료선사(不了禪師) : 도를 깨닫지 못한 사이비 중.

끓는 물로 눈을 녹이다

권귀 용양 영웅 호전 이 냉안 시 지 여 의 취 전
權貴龍驤하고 英雄虎戰하니 以冷眼視之하면 如蟻聚羶하고

여 승 경 혈 시 비 봉 기 득 실 위 홍 이 냉 정 당 지
如蠅競血이니라. 是非蜂起하고 得失蝟興하니 以冷情當之하면

여 야 화 금 여 탕 소 설
如冶化金하고 如湯消雪이니라.

○ 풀이   권세 있고 부귀한 이들이 용처럼 다투고 영웅호걸들이 범처럼
싸우지만 냉정한 눈으로 이것을 본다면 마치 개미가 비린 고기에 모여
들고 파리 떼가 다투어 피를 빠는 것과 같다. 시비의 다툼이 벌떼처럼
일어나고 득실이 고슴도치 바늘처럼 일어서지만 냉정한 마음으로 이것
을 맞는다면 마치 풀무로 쇠를 녹이며 끓는 물로 눈을 녹임과 같다.

○ 주해   권귀(權貴) : 권력과 부귀 • 용양(龍驤) : 용처럼 날뜀 • 냉안(冷眼) :
냉정한 눈, 냉철한 안목 • 의취전(蟻聚羶) : 개미가 비린내 나는 고기에 모여
듦 • 승경혈(蠅競血) : 파리 떼가 다투어 피를 빠는 것 • 시비(是非) : 옳고 그
름 • 봉기(蜂起) : 벌떼처럼 일어남 • 득실(得失) : 얻고 잃음, 이익과 손해. 이
득과 손실 • 위홍(蝟興) : 고슴도치 털처럼 일어섬 • 야화금(冶化金) : 도가니
로 쇠를 녹임 • 탕소설(湯消雪) : 끓는 물이 눈을 녹임.

애달픔을 알면 속세의 욕심이 사라져 버린다

기 쇄 어 물 욕
羈鎖於物欲하면

각 오 생 지 가 애
覺吾生之可哀하고

이 유 어 성 진
夷猶於性眞하면

각 오 생 지 가 락
覺吾生之可樂하나니

지 기 가 애
知其可哀하면

즉 진 정 입 파
則塵情이 立破하고

지 기 가 락
知其可樂하면

즉 성 경 자 진
則聖境이 自臻이니라.

○ 풀이   물욕에 얽매이면 우리의 삶이 애달픈 것임을 깨닫게 되고, 본성에 따라 유유히 노닐면 우리의 삶이 즐거운 것임을 깨닫게 된다. 그 애달픔을 알면 속세의 욕심이 그대로 사라져 버리게 되고, 그 즐거움을 알면 성인의 경지에 저절로 이르게 된다.

○ 주해   기쇄(羈鎖) : 굴레와 자물쇠, 얽매임 • 이유(夷猶) : 편안하고 여유가 있음 • 진정(塵情) : 속세의 욕심 • 입파(立破) : 곧 깨어짐, 그 자리에서 사라짐 • 성경(聖境) : 성인의 경지 • 자진(自臻) : 저절로 이르게 됨.

눈앞에 한 조각 밝은 빛이 있다면

흉 중　기 무 반 점 물 욕　　이 여 설 소 로 염 빙 소 일
胸中에 旣無半點物欲이면 已如雪消爐焰氷消日하고

안 전　자 유 일 단 공 명　시 견 월 재 청 천 영 재 파
眼前에 自有一段空明이면 始見月在靑天影在波니라.

○ 풀이　가슴속에 조그마한 물욕도 없으면 번뇌는 이미 눈이 화롯불에 녹고 얼음이 햇볕에 녹음과 같으리라. 눈앞에 스스로 한 조각 밝은 빛이 있으면 달이 늘 푸른 하늘에 있고 그림자가 물결에 있음을 볼 수 있으리라.

○ 주해　흉중(胸中) : 가슴속 • 반점(半點) : 조금, 약간 • 노염(爐焰) : 화로의 불꽃 • 일단(一段) : 한 조각 • 공명(空明) : 달이 물속에 비침, 마음이 고요하고 밝음을 뜻함.

산과 냇물이 서로 비친다

시 사   재 패 릉 교 상   미 음 취   임 수   변 이 호 연
詩思는 在霸陵橋上이라 微吟就에 林岫가 便已浩然하고

야 흥   재 경 호 곡 변   독 왕 시   산 천   자 상 영 발
野興은 在鏡湖曲邊이라 獨往時에 山川이 自相映發이니라.

○ 풀이   시상(詩想)은 패릉교 위에 있으니 나직이 읊조리매 숲과 골짜
기가 문득 탁 트이고, 맑은 흥취는 경호 기슭에 있으니 혼자서 거닐 때
산과 냇물이 서로 비치도다.

○ 주해   시사(詩思) : 시상(詩想) • 패릉교(霸陵橋) : 당의 수도 장안의 동쪽에
있는 다리. 길 떠나는 사람을 전송하는 장소로도 유명함. 전당시화(全唐詩話)
에 의하면 정계(鄭綮)에게 어떤 사람이 찾아와 최근에 지은 시가 있느냐고 묻
자 '시상은 패릉교의 풍설 속과 나귀의 등에 있으니 무엇으로써 이를 얻겠는
가.'라고 대답했다고 함 • 미음취(微吟就) : 떠오르는 시상을 나직이 읊조리는
것 • 임수(林岫) : 숲과 골짜기 • 호연(浩然) : 넓고 활달한 모습, 시원스럽게
탁 트인 모양 • 야흥(野興) : 맑은 흥취 • 경호(鏡湖) : 절강성 소흥현 남쪽에
있는 호수. 당서(唐書) 은일전(隱逸傳)에 의하면 하지장이 고향으로 돌아가기
를 청원하니 현종이 경호, 섬주의 두 고을을 하사하고 친히 시를 지어 석별의
정을 나누었다고 함 • 영발(映發) : 서로 바치는 것.

먼저 핀 꽃은 일찍 진다

복구자　비필고　　개선자　사독조
伏久者는 飛必高하고 開先者는 謝獨早하니

지차　가이면충등지우　　가이소조급지념
知此면 可以免蹭蹬之憂하고 可以消躁急之念하리라.

○풀이　엎드리기를 오래한 새는 반드시 높이 날고, 먼저 핀 꽃은 홀로 일찍 진다. 이를 알면 발을 헛디딜 근심을 면할 수 있고, 서두르는 마음도 사라질 것이다.

○주해　사(謝) : 꽃이 지는 것 • 충등(蹭蹬) : 발을 헛디디는 것 • 조그지념(躁急之念) : 조급하게 서두르는 마음.

관 뚜껑을 덮은 다음에야 알게 된다

수목   지귀근이후   지화악지엽지도영
樹木은 至歸根而後에 知花蕚枝葉之徒榮하고

인사   지개관이후   지자녀옥백지무익
人事는 至蓋棺而後에 知子女玉帛之無益이니라.

○ 풀이   나무는 뿌리로 돌아간 뒤에야 꽃과 가지와 잎이 헛된 영화였
음을 알게 되고, 사람은 관 뚜껑을 덮은 다음에야 자손과 재물이 소용없
음을 알게 된다.

○ 주해   귀근(歸根) : 잎이 떨어져 뿌리로 돌아감 • 화악(花蕚) : 꽃과 꽃받침,
꽃을 뜻함 • 도영(徒榮) : 헛된 영화 • 개관(蓋棺) : 관 뚜껑을 덮음 • 자녀(子女)
: 자손 • 옥백(玉帛) : 주옥과 비단, 곧 재물 • 무익(無益) : 쓸데없음, 소용없음.

몸과 마음을 갈고 닦아야 한다

진공   불공   집상   비진   파상   역비진
眞空은 不空이니 執相도 非眞이요 破相도 亦非眞이라.

문 세 존   여 하 발 부   재 세 출 세
問世尊은 如何發付오 在世出世하라.

순 욕   시 고   절 욕   역 시 고   청 오 제 선 자 수 지
徇欲이 是苦요 絶欲도 亦是苦니 聽吾儕善自修持하라.

○ 풀이   진공(眞空: 만물의 실체)은 공이 아니니, 형상에 집착함도 참이
아니고 형상을 깨뜨리는 것도 참이 아니다. 묻노니, 세존께서 무어라 말
씀하셨는가? '속세에 있으면서 속세를 벗어나라. 욕망을 따름도 괴로움
이요, 욕망을 끊는 것도 또한 괴로움이니 우리 스스로 몸과 마음을 갈고
닦기에 달린 것이니라.'

○ 주해   진공(眞空) : 참다운 공(空), 삼라만상의 본체, 만물의 실체 • 집상(執
相) : 현상에 집착하는 것 • 파상(破相) : 현상을 없애는 것(無)으로 봄 • 세존
(世尊) : 석가모니 • 발부(發付) : 의견을 말함 • 재세출세(在世出世) : 세속에
살면서 세속을 벗어남 • 순욕(徇欲) : 욕망을 따름 • 청(聽) : 맡김 • 오제(吾儕)
: 우리들 • 수지(修持) : 마음을 닦고 몸가짐을 단정히 함.

애타는 마음은 애타는 목소리와 같다

열사 양천승   탐부 쟁일문
烈士는 讓千乘하고 貪夫는 爭一文하나니

인품 성연야   이호명 불수호리
人品은 星淵也나 而好名은 不殊好利요,

천자 영국가   걸인 호옹손   위분 소양야
天子는 營國家하고 乞人은 號饔飧하나니 位分은 霄壤也나

이초사   하이초성
而焦思는 何異焦聲이리오.

○ 풀이 의로운 선비는 나라를 사양하고 탐욕한 사람은 한 푼을 다투니 그 인품은 하늘과 땅의 차이이나 명예를 좋아함은 이익을 좋아함과 다를 바가 없다. 천자는 나라를 다스리고 거지는 먹을 것을 달라고 외치니 그 신분은 하늘과 땅의 차이이나 애타는 마음은 애타는 목소리와 그 무엇이 다르리오.

○ 주해 열사(烈士) : 정의를 존중하는 선비 • 천승(千乘) : 전차 천 대를 동원할 수 있는 나라. 제후가 다스리는 나라 • 일문(一文) : 한 푼 • 인품(人品) : 사람의 품격 • 성연(星淵) : 하늘과 땅 차이 • 호명(好名) : 명예를 좋아함 • 불수(不殊) : 다를 바가 없음 • 영(營) : 다스림, 경영함 • 옹손(饔飧) : 아침밥과 저녁밥 • 위분(位分) : 지위와 신분 • 소양(霄壤) : 하늘과 땅 차이 • 초사(焦思) : 마음을 애태움, 마음이 초조함 • 초성(焦聲) : 애타게 외치는 소리.

사람의 마음을 모두 깨닫게 되면

포 암 세 미　　　일 임 복 우 번 운　　　총 용 개 안
飽諳世味하면 一任覆雨翻雲하여 總慵開眼하고

회 진 인 정　　　수 교 호 우 환 마　　　지 시 점 두
會盡人情하면 隨敎呼牛喚馬하여 只是點頭니라.

○ 풀이　　세상맛을 속속들이 알고 나면 비가 되건 구름이 되건 모두 맡겨 둔 채 눈뜨는 것조차 귀찮게 된다. 사람의 마음을 모두 깨닫게 되면 소라고 부르건 말이라고 부르건 부르는 대로 맡겨 둔 채 머리만 끄덕일 뿐이다.

○ 주해　　포암(飽諳) : 속속들이 앎 • 세미(世味) : 세상살이의 단맛. 쓴맛 • 일임(一任) : 모두 맡김 • 복우번운(覆雨翻雲) : 손바닥을 엎으면 비가 되고, 뒤집으면 구름이 됨. 두보의 빈교행에 나오는 구절 • 총(總) : 다, 모두, 도무지 • 용(慵) : 게으름, 귀찮은 것 • 회진(會盡) : 모두 깨닫게 됨 • 수교(隨敎) : 하는 대로 맡겨 버림 • 호우환마(呼牛喚馬) : 소라고 부르건, 말이라고 부르건 부르는 대로 내버려 둠, 남들의 칭찬이나 헐뜯음에 아랑곳하지 않음. 장자 천도편(天道篇)에 나옴 • 점두(點頭) : 머리를 끄덕임.

지금의 인연에 따라서 일처리를 한다면

금 인　　전 구 무 념　　　이 종 불 가 무
今人은 專求無念이나 而終不可無하나니

지 시 전 념 불 체　　　후 념 불 영　　　단 장 현 재 적 수 연
只是前念不滯하고 後念不迎하며 但將現在的隨緣하여

타 발 득 거　　자 연 점 점 입 무
打發得去면 自然漸漸入無니라.

○ 풀이　　오늘날의 사람들은 오로지 무념에 힘쓰지만 끝내 생각을 없앨
수는 없다. 다만 지나간 생각에 머물지 않고 앞으로의 생각을 맞지 아니
하며, 지금의 인연에 따라서 일처리를 한다면 자연히 점차 무념무상의
경지에 들어가게 될 것이니라.

○ 주해　　무념(無念) : 생각함이 없음, 사념이 없음, 무아의 경지 • 전념(前念) :
지나간 생각 • 불체(不滯) :　머물지 않음, 구애받지 않음 • 수연(隨緣) : 인연에
따름 • 타발(打發) : 타개함, 처리함 • 입무(入無) : 무념무상의 경지에 들어감.

바람은 저절로 불어올 때가 맑다

의 소 우 회　　변 성 가 경　　　물 출 천 연　　　재 견 진 기
意所偶會면 便成佳境하고 物出天然이면 纔見眞機하니

약 가 일 분 조 정 포 치　　　취 미 변 감 의
若加一分調停布置하면 趣味便減矣니라.

백 씨 운　　　　의 수 무 사 적
白氏云하되 意隨無事適이요

풍 축 자 연 청　　　　　유 미 재　　기 언 지 야
風逐自然淸이라 하니 有味哉라 其言之也여.

○ 풀이　　뜻이 우연히 맞으면 곧 멋진 경지를 이루고, 자연에서 나온 것이라야 겨우 참된 맛을 보게 된다. 만일 조금이라도 고쳐서 벌려 놓는다면 그 맛은 곧 줄어든다. 백거이가 이르기를 '뜻은 일이 없을 때가 즐겁고 바람은 저절로 불어올 때가 맑다.'고 했으니 참으로 의미 있도다, 그 말씀이여.

○ 주해　　우회(偶會) : 우연히 맞음 • 천연(天然) : 자연스러움 • 재(纔) : 비로소, 겨우 • 진기(眞機) : 참된 작용, 참된 기틀 • 조정(調停) : 고침 • 포치(布置) : 벌려 놓음, 배치함 • 백씨(白氏) : 당(唐)의 시인 백거이(白居易) • 적(適) : 자적함 • 유미재(有味哉) : 의미 있도다.

천성이 맑으면 몸과 마음이 편안하다

성 천　　　징 철　　　　즉 기 식 갈 음　　　　　　무 비 강 제 신 심
性天이 澄徹하면 卽饑喰渴飮이라도 無非康濟身心이오

심 지　　　침 미　　　　종 담 선 연 게　　　　　총 시 파 롱 정 혼
心地가 沈迷하면 縱談禪演偈라도 總是播弄精魂이니라.

○ 풀이　　천성이 맑으면 배고플 때 밥을 먹고 목마를 때 물을 마실지라
도 몸과 마음은 편안할 수 있다. 그러나 마음이 물욕으로 어둡고 어지
러우면 비록 선을 말하고 게송을 풀이할지라도 모두 정신을 희롱할 뿐
이다.

○ 주해　　성천(性天) : 본성, 천성・징철(澄徹) : 매우 맑고 투명함・기식갈음
(饑喰渴飮) : 배고플 때 먹고 목마를 때 마심. 평범한 일상생활・강제(康濟) :
편안함・심지(心地) : 마음・침미(沈迷) : 마음이 물욕으로 어둡고 어지러워
짐・종(縱) : 비록・담선(談禪) : 선(禪)을 이야기함・연게(演偈) : 게(偈)를 풀
이함. 게(偈)는 불가의 고승들이 깨달음의 경지를 읊은 일종의 시・총시(總
是) : 모두 ~이다・파롱(播弄) : 희롱함・정혼(精魂) : 정신과 넋.

육신마저 잊어버려야 그 속에서 노닐 수 있다

인심　유개진경　비사비죽
人心에 有個眞境하여 非絲非竹이라도

이자념유　불연불명　이자청분
而自恬愉하고 不煙不茗이라도 而自淸芬하니

수념정경공　여망형석　재득이유연기중
須念淨境空하고 慮忘形釋이라야 纔得以游衍其中이니라.

○풀이　사람의 마음에는 참된 경지가 있으니, 거문고나 피리가 아니더라도 저절로 편안하고 즐거워지며, 향을 피우고 차를 끓이지 않아도 스스로 맑고 향기로워진다. 모름지기 생각을 깨끗이 하고 마음을 비우며 근심을 잊고 육신마저 잊어버려야 비로소 그 속에서 노닐 수 있으리라.

○주해　개(個) : 하나의, 일종의 • 진경(眞境) : 참된 깨달음의 경지 • 사죽(絲竹) : 거문고와 피리 • 염유(恬愉) : 편안하고 즐거움 • 연(煙) : 향을 사르는 연기(香煙) • 명(茗) : 차(茶) • 청분(淸芬) : 맑고 향기로움 • 염정(念淨) : 생각이 깨끗함, 생각이 맑음 • 경공(境空) : 심경을 비움 • 여망(慮忘) : 근심을 잊음 • 형석(形釋) : 형체를 푸는 것. 육신이 있는 것조차 잊음 • 유연(游衍) : 즐겁게 노는 것, 거닐음, 소요.

환상이 아니면 참된 실상을 찾을 수 없다

금 자 광 출　　　옥 종 석 생　　　비 환　　　무 이 구 진
金自鑛出하고 玉從石生하니 非幻이면 無以求眞이라.

도 득 주 중　　　선 우 화 리　　　수 아　　　불 능 이 속
道得酒中하고 仙遇花裡는 雖雅나 不能離俗이니라.

○ 풀이　　금은 광석에서 나오고 옥은 돌에서 나오나니, 환상이 아니면
참된 실상을 찾을 수 없도다. 술잔 속에서 도를 얻고 신선을 꽃 속에서
만남은 비록 아담한 정취가 있으나 속세를 벗어난 것은 아니니라.

○ 주해　　자(自) : ~로부터 • 광(鑛) : 광석 • 환(幻) : 환상(幻想). 현상계(現象
界)를 뜻함 • 진(眞) :　실체, 실상(實相) • 도득주중(道得酒中) : 진(晉)의 죽림
칠현(竹林七賢)이 술을 마시는 중에 노자의 도(道)를 깨달았다는 고사에서 나
온 말임 • 선우화리(仙遇花裡) : 도연명의 도화원기(桃花原記)에 있는 이야기.
어떤 어부가 복사꽃을 따라 올라가 무릉도원에 이르렀다고 함 • 아(雅) : 아취.

🏵 깨달은 눈으로 보면 모두 같다

천 지 중 만 물　　인 륜 중 만 정　　세 계 중 만 사
天地中萬物과 人倫中萬情과 世界中萬事는

이 속 안 관　　　분 분 각 이　　이 도 안 관　　　종 종 시 상
以俗眼觀하면 紛紛各異나 以道眼觀하면 種種是常이니

하 번 분 별　　　하 용 취 사
何煩分別하며 何用取捨리요.

○ 풀이　　천지 가운데의 만물과 인간윤리 중의 모든 감정과 세계 속의
수많은 일들은 속된 눈으로 보면 하나하나가 각각 다르지만 깨달은
눈으로 보면 모두 같은 것이니, 어찌 번거롭게 분별하며, 취하고 버리
리오.

○ 주해　　만정(萬情) : 온갖 감정 • 속안(俗眼) : 속된 안목 • 분분(紛紛) : 뒤섞
여 어수선함, 각양각색 • 도안(道眼) : 깨달은 사람의 안목, 달관한 사람의 안
목 • 종종(種種) : 가지가지 • 상(常) : 늘 같음, 차이가 없음 • 번(煩) : 번거로
움 • 하용(何用) : 무엇으로써 • 취사(取捨) : 취하고 버림.

절간도 속세의 집이 된다

전탈　지재자심
纏脫은 只在自心이니

심료　즉도사조전　기연정토
心了면 則屠肆糟廛도 居然淨土오

불연　종일금일학　일화일훼
不然이면 縱一琴一鶴과 一花一卉로

기호수청　마장종재
嗜好雖淸이라도 魔障終在니라.

어　운　능휴　진경　위진경
語에 云하되 能休면 塵境도 爲眞境이오

위진경　승가　시속가　신부
未了면 僧家도 是俗家라 하니 信夫로다.

○ 풀이　　얽매임과 벗어남은 다만 자신의 마음에 달린 것이니 깨달음을
얻으면 푸줏간과 술집도 극락정토가 된다. 만일 그렇지 못하면 비록 거
문고와 학을 벗 삼고 꽃과 풀을 심고 가꾸어, 그 즐거움이 맑을지라도
악마의 방해는 늘 있을 것이다. 옛말에 이르기를 '그칠 수 있다면 속세
도 참된 경지가 되고, 깨달음이 없으면 절간도 속세의 집이 된다.'고 했
는데, 참말이로다..

○ 주해   전탈(纏脫) : 얽매임과 벗어남 • 심료(心了) : 마음으로 깨닫는 것 • 도사(屠肆) : 푸줏간 • 조전(糟廛) : 술집, 주점 • 거연(居然) : 그대로 • 정토(淨土) : 극락정토, 극락세계 • 종(縱) : 비록 • 기호(嗜好) : 즐기고 좋아하는 것 • 마장(魔障) : 악마의 방해 • 종재(終在) : 끝내 있음 • 어운(語云) : 소강절의 시임 • 휴(休) : 그만둠, 쉼, 벗어남 • 진경(塵境) : 속세 • 진경(眞境) : 참된 경지. 깨달은 경지 • 승가(僧家) : 스님의 사회, 절간 • 속가(俗家) : 속세의 집 • 신(信) : 진실로, 참으로 • 부(夫) : 감탄사임.

정신이 왕성하면 천지의 온화한 기운을 얻는다

신 감　　　포 피 와 중　　　득 천 지 충 화 지 기
神酣하면 布被窩中에 得天地冲和之氣하고

미 족　　　여 갱 반 후　　　식 인 생 담 박 지 진
味足이면 藜羹飯後에 識人生澹泊之眞이니라.

○풀이　　정신이 왕성하면 베 이불을 덮은 좁은 방 속에서도 천지의 온화한 기운을 얻고, 입맛이 좋으면 명아주국에 밥을 먹은 뒤에도 삶의 담박한 참맛을 안다.

○주해　　신감(神酣) : 정신력이 왕성함 • 포피(布被) : 베 이불 • 와중(窩中) : 작은 방 속. 와(窩)는 움집, 토굴을 뜻함 • 충화(冲和) : 부드럽고 조화로움, 치우치지 않고 화평함 • 미족(味足) : 입맛이 왕성함 • 여갱(藜羹) : 명아주로 끓인 국 • 담박(澹泊) : 맑고 깨끗함, 담담함, 담백함.

온갖 시름 다 버리면

두실중   만려도연   설심화동비운   주렴권우
斗室中이라도 萬慮都捐하면 說甚畵棟飛雲하고 珠簾捲雨하며,

삼배후   일진자득   유지소금횡월   단적음풍
三杯後에 一眞自得하면 唯知素琴橫月하고 短笛吟風이니라.

○ 풀이   좁은 방에서도 온갖 시름 다 버리면 어찌 '단청기둥에 구름이
날고 구슬발을 걷고 비를 본다.'고 말할 게 있으리오. 술 석 잔 마신 후
모든 이치를 깨닫는다면 오직 거문고를 달빛 아래 비껴 타고 피리를 바
람결에 읊조릴 줄 알리라.

○ 주해   두실(斗室) : 좁은 방 • 만려(萬慮) : 모든 걱정, 온갖 시름 • 도연(都
捐) : 모두 버림 • 심(甚) : 하(何 : 어찌, 무엇)와 같음 • 화동(畵棟) : 단청을 입힌
기둥. • 삼배후(三杯後) : 이백의 시, 월하독작에 '석 잔으로 큰 도를 깨닫고 한
말로 자연과 하나가 되노라' [삼배통대도(三杯通大道)하고 일두합자연(一斗合
自然)이라]라는 구절이 있음 • 일진(一眞) : 모든 진리 • 소금(素琴) : 장식이 없
는 거문고.

🏮 정신은 사물에 부딪혀 피어난다

만 뢰 적 료 중   홀 문 일 조 롱 성   변 환 기 허 다 유 취
萬籟寂寥中에 忽聞一鳥弄聲하면 便喚起許多幽趣하고

만 훼 최 박 후   홀 견 일 지 탁 수   변 촉 동 무 한 생 기
萬卉摧剝後에 忽見一枝擢秀하면 便觸動無限生機하니

가 견 성 천   미 상 고 고   기 신   최 의 촉 발
可見性天은 未常枯槁하고 機神은 最宜觸發이로다.

○ 풀이   모든 소리가 고요한 가운데 갑자기 한 마리 새소리를 들으면 온갖 그윽한 멋을 불러일으키고, 모든 초목이 시들어 떨어진 뒤에 문득 한 줄기 아름다운 꽃을 보면 무한한 삶의 기운이 꿈틀거린다. 가히 본성은 늘 메마르지 않고 정신은 사물에 부딪혀 피어나는 것임을 알리로다.

○ 주해   만뢰(萬籟) : 삼라만상의 소리 • 적료(寂寥) : 고요하고 쓸쓸함 • 농성(弄聲) : 지저귀는 소리 • 유취(幽趣) : 그윽한 운치, 그윽한 멋 • 만훼(萬卉) : 모든 풀, 온갖 초목 • 최박(摧剝) : 벗겨짐, 시들어 떨어짐 • 탁수(擢秀) : 꽃이 핌. 수(秀)는 수(穗 : 이삭)를 뜻함 • 변(便) : 문득 • 촉동(觸動) : 사물에 닿아 움직임 • 생기(生機) : 생생발전하는 작용, 생동하는 기운, 살아 움직이는 기운 • 성천(性天) : 천성, 본성 • 고고(枯槁) : 마르고 시듦 • 기신(機神) : 활동하는 정신 • 최의(最宜) : ~에 가장 알맞음 • 촉발(觸發) : 사물에 닿아서 움직임, 사물에 닿아서 피어남.

몸과 마음을 잘 다루어야 한다

백씨운   불여방신심   명연임천조
白氏云하되 不如放身心하여 冥然任天造라 하고

조씨운   불여수신심   응연귀적정
晁氏云하되 不如收身心하여 凝然歸寂定이라 하니

방자   유위창광   수자   입어고적
放者는 流爲猖狂하고 收者는 入於枯寂하니

유선조신심적   파병재수   수방자여
唯善操身心的은 欛柄在手하여 收放自如니라.

○ 풀이   백거이는 말하기를 '몸과 마음을 놓아 버린 다음 되어가는 대로 맡김만 못하다.'고 했고, 조보지(晁補之: 송나라 시인)는 말하기를 '몸과 마음을 거두어 고요히 선정(禪定)으로 돌아감만 못하다.'고 하였다. 놓아 버리면 넘쳐서 미치광이가 되고, 거두어들이면 메마르고 삭막하게 될 뿐이다. 오로지 몸과 마음을 잘 다루자면 그 자루를 손에 잡고 거두고 놓음을 마음대로 해야 한다.

○ 주해   백씨(白氏) : 당나라의 시인 백거이. 자(字)는 낙천(樂天) • 불여(不如) : ~만 못하다 • 명연(冥然) : 눈을 감은 모습 • 천조(天造) : 하늘의 조화 • 조씨(晁氏) : 송나라의 시인 조보지(晁補之) • 응연(凝然) : 움직이지 않는 모양 • 적정(寂定) : 잡념을 버리고 선(禪)의 경지에 들어감 • 창광(猖狂) : 미치광이 • 고적(枯寂) : 마른나무처럼 생기가 없음 • 유(唯) : 오직 • 선조(善操) : 잘 다룸, 잘 조종함 • 파병(欛柄) : 자루 • 재(在) : ~에 • 자여(自如) : 마음대로 함. 자유자재. 자유로이 함.

자연과 사람의 마음이 한데 어울린다

당 설 야 월 천   심 경   변 이 징 철
當雪夜月天하면 心境이 便爾澄徹하고

우 춘 풍 화 기   의 계   역 자 충 융
遇春風和氣면 意界가 亦自冲融하나니

조 화 인 심   혼 합 무 간
造化人心이 混合無間이니라.

○ 풀이   눈 내린 밤에 달 밝은 하늘을 보면 마음이 문득 맑아지고, 봄바
람의 따스한 기운을 만나면 뜻 또한 절로 녹아 부드러워진다. 이렇게 자
연과 사람의 마음이 한데 어울려 틈이 없느니라.

○ 주해   변이(便爾) : 문득 • 징철(澄徹) : 맑고 탁 트임, 깨끗하고 막힘이 없
음 • 의계(意界) : 뜻, 생각, 의식, 심경 • 충융(冲融) : 융화, 녹아 부드러워지는
것 • 조화(造化) : 자연의 섭리, 자연의 변화.

꾸밈이 없음에 무한한 뜻이 있다

문 이 졸 진   도 이 졸 성   일 졸 자   유 무 한 의 미
文以拙進하고 道以拙成하나니 一拙字에 有無限意味니라.

여 도 원 견 폐   상 간 계 명   하 등 순 롱
如桃源犬吠와 桑間鷄鳴이 何等淳麗고

지 어 한 담 지 월   고 목 지 아
至於寒潭之月과 古木之鴉하여는

공 교 중   변 각 유 쇠 삽 기 상 의
工巧中에 便覺有衰颯氣象矣로다.

○ 풀이   글은 꾸밈이 없음으로 나아가고, 도는 꾸밈이 없음으로 이루어
지니, 이 꾸밈이 없음에 무한한 뜻이 있다. 만일 '복사꽃 핀 마을에 개가
짖고, 뽕나무 사이에서 닭이 운다.'고 하면 얼마나 소박한가. 그러나 '찬
연못에는 달이 비치고 고목에는 까마귀가 운다.'라고 하면 비록 교묘하
기는 하나 문득 쓸쓸하고 삭막한 분위기를 느끼게 될 것이다.

○ 주해   졸(拙) : 서투르고 세련되지 못함, 꾸밈이 없고 순수함 • 도원견폐
(桃源犬吠) : 복사꽃 핀 마을에 개가 짖고……. 도연명의 도화원기에서 인용한
글임. 전원의 순박한 풍경을 묘사한 것임 • 하등(何等) : 얼마나 • 순롱(淳麗) :
순박하고 진실함 • 한담(寒潭) : 차가운 연못 • 아(鴉) : 까마귀 • 공교(工巧) :
교묘함 • 쇠삽(衰颯) : 쇠퇴하여 처량함, 쓸쓸하고 삭막함.

🀫 대지가 다 노니는 곳이다

이 아 전 물 자　　　득 고 불 희　　　실 역 불 우　　　대 지 진 속 소 요
以我轉物者는　　　得固不喜하고　　　失亦不憂하여　　　大地盡屬逍遙하며

이 물 역 아 자　　　역 고 생 증　　　순 역 생 애　　　일 모 변 생 전 박
以物役我者는　　　逆固生憎하고　　　順亦生愛하여　　　一毛便生纏縛이니라.

○ 풀이　　스스로 사물을 부리는 이는 얻었다 하여 기뻐하지 아니하고,
잃었다 하여 또한 근심하지 않으니 대지가 다 그의 노니는 곳이다. 스스
로 사물의 부림을 받는 이는 역경(고난)을 미워하고 순경(순탄한 처지)에
애착심을 가지니 털끝만한 일에도 문득 얽매이게 된다.

○ 주해　　이아전물(以我轉物) : 자신의 뜻대로 사물을 부림 • 고(固) : 본디 •
진속소요(盡屬逍遙) : 모두 노니는 곳임. 다 소요자적하는 곳임 • 역(役) : 사역
됨, 부림을 받는 것 • 역(逆) : 역경, 고난 • 순(順) : 순탄한 처지 • 일모(一毛) :
털끝만한 일, 아주 작은 일 • 전박(纏縛) : 얽매임, 구속됨, 속박당함.

비린 고기를 모으면서 쉬파리를 쫓는다

이 적 즉 사 적　　　견 사 집 리 자　　　사 거 영 유 형
理寂則事寂하나니 遣事執理者는 似去影留形이요

심 공 즉 경 공　　　거 경 존 심 자　　　여 취 전 각 예
心空則境空하나니 去境存心者는 如聚羶却蚋니라.

○ 풀이　　원리가 비어 고요하면 현상(似)도 따라서 고요해지니, 현상을 버리고 원리만 잡으려 함은 그림자를 버리고 형체만 머물게 하려는 것과 같다. 마음이 비면 바깥 사물도 비는 것이니, 바깥 사물을 버리고 마음만을 보존하려 함은 비린 고기를 모으면서 쉬파리를 쫓으려는 것과 같다.

○ 주해　　이(理) : 형이상학적 원리 • 적(寂) : 공적 • 사(似) : 현상 • 견사(遣事) : 현상을 버림, 사물을 무시함 • 집리(執理) : 원리를 고집함, 본체에 집착함 • 경(境) : 환경, 인식의 대상이 되는 바깥 사물 • 적(羶) : 비린내 나는 고깃덩이 • 각(却) : 물리침, 쫓음 • 예(蚋) : 쉬파리, 모기.

🏛 한 조각 본성만이 남는다

시 사 미 생 지 전　유 하 상 모
試思未生之前에 有何象貌하고

우 사 기 사 지 후　작 하 경 색
又思旣死之後에 作何景色하면

즉 만 념 회 랭　일 성 적 연
則萬念灰冷하고 一性寂然하여

자 가 초 물 외 유 상 선
自可超物外遊象先이니라.

○ 풀이　　이 몸이 태어나기 이전에는 어떤 모습이었을까를 생각해보고,
또한 이 몸이 죽은 후에는 어떤 모습이 될까를 생각해 보라. 그러면 온
갖 생각이 재처럼 식어지고 한 조각 본성만이 고요히 남아, 저절로 만물
을 벗어나 창조 이전의 세계에서 노닐게 되리라.

○ 주해　　상모(象貌) : 모양 • 경색(景色) : 경치, 상태, 모습 • 만념(萬念) : 온갖
생각 • 회랭(灰冷) : 재처럼 식음 • 일성(一性) : 본성 • 적연(寂然) : 고요함 • 물
외(物外) : 현상계의 바깥 • 상선(象先) : 천지 창조 이전의 상태, 절대경, 만물
이 생겨나기 이전의 상황.

삶에 집착함이 죽음의 원인이다

우병 이후   사 강 지 위 보
遇病而後에 思强之爲寶하고

처 란 이 후   사 평 지 위 복   비 조 지 야
處亂而後에 思平之爲福은 非蚤智也라.

행복이선지기위화지본   탐 생 이 선 지 기 위 사 지 인   기 탁 견 호
倖福而其爲禍之本하고 貪生而先知其爲死之因이면 其卓見乎인저.

○ 풀이   병이 든 뒤에야 건강이 보배임을 생각하고 어지러운 일을 맞
은 뒤에야 평화가 복임을 생각하면 일찍 아는 지혜가 아니다. 요행을 바
라는 것이 재앙의 근본임을 알고 삶에 집착함이 죽음의 원인임을 미리
알면 그것은 뛰어난 식견이다.

○ 주해   평(平) : 평화 • 조지(蚤智) : 빠른 지혜, 선견지명. 조(蚤:벼룩, 일찍)는
조(早)와 통함 • 행(倖) : 요행 • 선지(其爲) : 미리 알다 • 탐생(貪生) : 삶을 탐
냄, 삶에 집착함 • 탁견(卓見) : 뛰어난 식견.

승패는 어디에 있는가

우인　부분조주　　효연추어호단
優人은 傅粉調硃하여 效妍醜於豪端이나

아이　가잔장파　　연추하존
俄而오 歌殘場罷하면 妍醜何存이며

혁자　쟁선경후　　교자웅어착자
奕者는 爭先競後하여 較雌雄於著子나

아이　국진자수　　자웅안재
俄而오 局盡子收하면 雌雄安在리오.

○ 풀이 　배우는 분 바르고 연지 찍어 붓끝으로 예쁘고 추함을 나타내지만 문득 노래가 끝나고 막이 내리면 예쁘고 추함은 어디에 있는가. 바둑 두는 이는 앞뒤를 다투면서 바둑돌로 승패를 겨루지만 문득 판이 끝나고 돌을 거두면 승패는 어디에 있는가.

○ 주해 　우인(優人) : 배우 • 부(傅) : 붙임, 바름 • 조주(調硃) : 연지를 찍음 • 효(效) : 나타냄 • 연추(妍醜) : 예쁘고 추함 • 호단(豪端) : 붓끝 • 아이(俄而) : 이윽고 • 가잔장파(歌殘場罷) : 노래가 끝나고 막이 내림 • 혁자(奕者) : 바둑 두는 사람 • 쟁선경후(爭先競後) : 선후수(先後手)를 다툼 • 자웅(雌雄) : 암수, 승부, 승패 • 착자(著子) : 바둑돌 • 국진(局盡) : 판이 끝남 • 안(安) : 어디에.

오직 고요한 이만이 그 주인이 된다

풍 화 지 소 쇄　　설 월 지 공 청　　유 정 자 위 지 주
風花之瀟洒와 雪月之空淸은 唯靜者爲之主요

수 목 지 영 고　　죽 석 지 소 장　　독 한 자 조 기 권
水木之榮枯와 竹石之消長은 獨閑者操其權이니라.

○ 풀이　　바람과 꽃이 시원하고 산뜻하며, 눈과 달이 맑고 깨끗하나 오
직 고요한 이만이 그 주인이 되고, 물과 나무가 번성하고 메마르며, 돌
과 대나무가 사라지고 자라나나 홀로 한가한 이만이 제 것으로 할 수
있느니라.

○ 주해　　소쇄(瀟洒) : 시원하고 산뜻함, 맑고 깨끗함 • 설월(雪月) : 눈과 달 •
공청(空淸) : 맑고 깨끗함 • 유(唯) : 오직 • 정자(靜者) : 고요히 사는 사람 • 위
지주(爲之主) : 그것의 주인이 됨 • 영고(榮枯) : 무성함과 시들음 • 소장(消長)
: 사라지고 자라남 • 조기권(操其權) : 그 권리를 잡음, 그 권한을 장악함.

삶의 첫째가는 경지

전부야수　　어이황계백주　　즉흔연희
田夫野叟는 語以黃鷄白酒면 則欣然喜하나

문이정식　　　즉부지　　　어이온포단갈　　　즉유연락
問以鼎食하면 則不知하고 語以縕袍短褐하면 則油然樂하나

문이곤복　　　즉부식　　기천　전고　기욕　담
問以袞服하면 則不識하나니 其天이 全故로 其欲이 淡이라

차시인생제일개경계
此是人生第一個境界니라.

○ 풀이　　시골 늙은이는 닭고기와 막걸리를 말하면 매우 기뻐하지만 고급 음식을 물으면 알지 못하고, 무명 두루마기와 베잠방이를 말하면 아주 좋아하지만 예복을 물으면 알지 못한다. 이는 천성이 온전하므로 그 바라는 바도 담박한 것이니, 그야말로 삶의 첫째가는 경지이다.

○ 주해　　전부야수(田夫野叟) : 시골에서 농사짓는 늙은이 • 황계(黃鷄) : 깃털이 누런 닭 • 백주(白酒) : 막걸리 • 흔연(欣然) : 기뻐하는 모습 • 정식(鼎食) : 값비싼 고급요리 • 온포(縕袍) : 솜을 넣은 무명 두루마기 • 단갈(短褐) : 짧은 베잠방이 • 유연(油然) : 구름이 떠오르는 모양, 왕성하게 일어나는 모양 • 곤복(袞服) : 높은 벼슬아치가 입는 관복 • 천전(天全) : 타고난 성품을 온전히 지니고 있음, 순박한 성품을 제대로 간직함 • 제일개(第一個) : 으뜸가는, 첫째가는 • 경계(境界) : 경지.

菜根譚 스스로 같은 것을 갈라놓는 것

심 무 기 심　　　하 유 어 관　　　석 씨 왈 관 심 자　　중 증 기 장
心無其心이니 何有於觀이리오. 釋氏曰觀心者는 重增基障이니라.

물 본 일 물　　　하 대 어 제　　　장 생 왈 제 물 자　　자 부 기 동
物本一物이니 何待於齊리오 莊生曰齊物者는 自剖其同이니라.

○ 풀이　　마음에 망령된 생각이 없는데 어찌 마음을 비쳐 볼 필요가 있겠는가. 석가모니가 말한 '마음을 비쳐 보라.'고 한 것은 오히려 그 장애를 더할 뿐이다. 만물은 본시 한 물건인데 어찌 가지런하기를 기다리겠는가. 장주가 말한 '만물을 가지런히 한다.'고 한 것은 스스로 같은 것을 갈라놓는 것이다.

○ 주해　　무기심(無其心) : 그 마음이 없음. 여기서는 망령된 생각이나 사심이 없음을 뜻함 • 석씨(釋氏) : 석가모니 • 관심(觀心) : 마음을 살펴 사념을 없애는 것 • 중증(重增) : 거듭 더함 • 장(障) : 장애 • 물본일물(物本一物) : 상대적인 현상의 세계를 벗어나 본질적인 차원에서 보면 만물은 일체임 • 장생(莊生) : 장자. 이름은 주(周) • 제물(齊物) : 만물을 가지런히 하는 것. 모든 사물을 평등하고 일체로 봄 • 부기동(剖其同) : 같은 것을 갈라놓아 차별함.

속된 선비가 몸을 고해에 빠뜨리는 것

생 가 정 농 처　　변 자 불 의 장 왕　　선 달 인 살 수 현 애
笙歌正濃處에　便自拂衣長往하니　羨達人撒手懸崖하며

경 루 이 잔 시　　유 연 야 행 불 휴　　소 속 사 침 신 고 해
更漏已殘時에　猶然夜行不休하니　咲俗士沈身苦海니라.

○ 풀이　　피리와 노랫소리가 바야흐로 무르익었을 때에 문득 옷소매를
떨쳐 훌쩍 떠나감은 마치 달인이 손을 놓고 낭떠러지 위를 걷는 것과
같아 부럽고, 시간이 이미 다한 때에 여전히 쉬지 않고 밤길을 걷는 것
은 마치 속된 선비가 몸을 고해에 빠뜨리는 것 같아 딱하니라.

○ 주해　　생가(笙歌) ; 피리를 불고 노래 부름 • 정(正) : 바야흐로 • 농처(濃處)
: 무르익을 때 • 불의(拂衣) : 옷깃을 떨침 • 선(羨) : 부러워함 • 달인(達人) : 달
관한 사람 • 살수현애(撒手懸崖) : 낭떠러지 위를 손은 놓고 거니는 것 • 경루
(更漏) : 물시계 • 이잔(已殘) : 거의 다 없어짐 • 불휴(不休) : 쉬지 않음 • 소
(咲) : 소(哭 : 웃을, 웃음)와 같음 • 속사(俗士) : 속인 • 침신(沈身) : 몸을 빠뜨림.

원만한 마음의 작용을 길러야 한다

파 악 미 정　　　의 절 적 진 효　　사 차 심
把握未定이어늘 宜絕迹塵囂하여 使此心으로

불 견 가 욕 이 불 란　　　이 징 오 정 체
不見可欲而不亂하여 以澄吾靜體하며

조 지 기 견　　　우 당 혼 적 풍 진　　사 차 심
操持旣堅이어든 又當混跡風塵하여 使此心으로

견 가 욕 이 역 불 란　　　이 양 오 원 기
見可欲而亦不亂하여 以養吾圓氣니라.

○ 풀이　마음을 아직 붙잡지 못했다면 마땅히 시끄러운 속세를 떠나 이 마음이 욕심낼 만한 것을 보지 못하게 하고, 마음이 흐트러지지 않게 하여 나의 고요한 마음의 바탕을 맑게 해야 할 것이다. 마음을 이미 군게 잡았거든 마땅히 다시 몸을 속세에 두고 이 마음으로 하여금 욕심낼 만한 것을 보아도 어지럽혀지지 않게 하여 나의 원만한 마음의 작용을 길러야 할 것이다.

○ 주해　파악(把握) : 군게 잡음 • 진효(塵囂) : 시끄러운 속세 • 정체(靜體) : 고요한 마음의 바탕 • 조지(操持) : 꽉 잡음, 군게 잡음 • 풍진(風塵) : 어지러운 속세 • 불란(不亂) : 동요되지 않음, 흔들리지 않음 • 원기(圓氣) : 원만한 마음의 작용.

부질없는 존재가 될 것이다

산 거   흉 차 청 쇄   촉 물 개 유 가 사
山居하면 胸次清洒하여 觸物皆有佳思하니

견 고 운 야 학   이 기 초 절 지 사
見孤雲野鶴에 而起超絶之思하고

우 석 간 류 천   이 동 조 설 지 사
遇石澗流泉에 而動澡雪之思하며

무 노 회 한 매   이 경 절 정 립
撫老檜寒梅에 而勁節挺立하고

여 사 구 미 록   이 기 심 돈 망
侶沙鷗麋鹿에 而機心頓忘이라.

약 일 주 입 진 환   무 론 물 불 상 관
若一走入塵寰하면 無論物不相關이나

즉 차 신   역 속 췌 류 의
卽此身이 亦屬贅旒矣리라.

○ 풀이   산중에 살면 가슴속이 맑고 깨끗하여 대하는 것마다 모두 아름다운 생각이 든다. 외로운 구름과 들의 학을 보면 속세를 벗어난 듯하고, 돌 틈에 흐르는 시내와 샘물을 만나면 때 묻은 마음을 씻어 주는 듯하며, 늙은 전나무와 추위 속의 매화를 어루만지면 꿋꿋한 절개가 우뚝 솟아나고, 모래밭의 갈매기와 사슴, 고라니를 벗하면 마음의 번거로움을 모두 잊게 된다. 그러나 만약 한번 속세에 뛰어들게 되면 비록 외물과 상관치 않을지라도 이 몸 또한 부질없는 존재가 될 것이다.

○ 주해　　흉차(胸次) : 가슴속 • 청쇄(淸洒) : 맑고 깨끗함 • 촉물(觸物) : 사물과 접촉함 • 초절(超絶) : 세속을 벗어남, 속세를 초월함 • 석간류천(石澗流泉) : 들 틈에 흐르는 시내와 샘물 • 조설(澡雪) :씻어서 깨끗함. 설(雪)은 씻다는 뜻임 • 무(撫) : 어루만짐 • 노회한매(老檜寒梅) : 늙은 전나무와 찬 매화 • 경절(勁節) : 굳은 절개 • 정립(挺立) : 우뚝 솟아남 • 여(侶) : 짝함, 벗 삼음 • 사구(沙鷗) : 모래밭의 갈매기 • 미록(麋鹿) : 고라니와 사슴 • 기심(機心) : 움직이는 마음, 계교(계교)를 꾸미는 마음, 꾀를 생각해 내는 마음 • 돈망(頓忘) : 갑자기 잊음 • 진환(塵寰) : 속세. 환(寰)은 세계, 천하를 뜻함 • 췌류(贅旒) : 췌(贅)는 혹, 류(旒)는 면류관 앞뒤에 늘어뜨린 구슬장식, 곧 쓸모없는 물건을 뜻함.

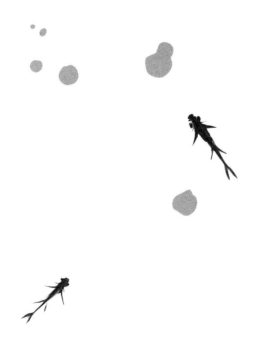

움직임과 고요함을 모두 잊는 경지

희 적 염 훤 자   왕 왕 피 인 이 구 정   부 지
喜寂厭喧者는 往往避人以求靜하나니 不知케라

의 재 무 인   변 성 아 상   심 착 어 정   변 시 동 근
意在無人하면 便成我相하고 心着於靜하면 便是動根이라

여 하 도 득 인 아 일 시   동 정 양 망 적 경 계
如何到得人我一視하고 動靜兩忘的境界리오.

○ 풀이   고요함을 좋아하고 시끄러움을 싫어하는 이는 흔히 사람을 피함으로써 고요함을 찾지만, 뜻이 사람 없음에 있다면 이는 바로 자아에 사로잡힌 것이요, 마음이 고요함에 집착한다면 그것이 바로 동요의 근본임을 모르고 있기 때문이다. 이래서야 어찌 남과 나를 하나로 보고 움직임과 고요함을 모두 잊는 경지에 이르리오.

○ 주해   희적염훤(喜寂厭喧) : 고요함을 즐기고 시끄러움을 싫어함 • 왕왕(往往) : 흔히, 자주 • 구정(靜) : 고요함을 찾음 • 아상(我相) : 망상에 의한 자아의 모습을 참된 나로 보고 집착함 • 착(着) : 매달림, 집착함 • 동근(動根) : 동요의 근본 • 인아일시(人我一視) : 남과 나를 하나로 보고 차별을 두지 않음 • 양망(兩忘) : 둘 다 잊음 • 경계(境界) : 경지.

흰 구름이 슬며시 다가와 곁에 머문다

흥 축 시 래　　방 초 중　　철 리 한 행　　　　야 조　　망 기 시 작 반
興逐時來면　芳草中에　撤履閑行하나니　野鳥도　忘機時作伴이요,

경 여 심 회　　낙 화 시　　피 금 올 좌　　　　백 운　　무 어 만 상 류
景與心會면　落花時에　披襟兀坐하나니　白雲이　無語漫相留로다.

○ 풀이　　흥겨움이 때때로 일어나 발 벗고 한가로이 풀밭을 거니노라면 들새도 겁내지 않고 벗이 되어 주며, 경치가 마음에 들어 떨어지는 꽃 아래 옷자락을 풀고 우두커니 앉아 있노라면 흰 구름이 슬며시 다가와 곁에 머문다.

○ 주해　　축시(逐時) : 때를 따라 • 철리(撤履) : 신발을 벗음 • 한행(閑行) : 한가로이 거닒 • 야조(野鳥) : 들새 • 망기(忘機) : 마음을 놓음, 경계심을 버림 • 적반(作伴) : 짝이 됨, 벗이 됨 • 경(景) : 경치, 풍경 • 여심회(與心會) : 마음에 맞음 • 피금(披襟) : 옷자락을 풀어 헤침 • 올좌(兀坐) : 우두커니 앉아 있음. 올(兀)은 우뚝한 모양을 뜻함 • 만(漫) : 느긋하고 한가로운 모습, 느리고 제멋대로 임 • 상류(相留) : 곁에 머물음.

인생의 복과 재앙은 모두 마음에서 이루어진다

인생복경화구　　개념상조성　　고　　석씨운
人生福境禍區는 皆念相造成이라 故로 釋氏云하되

이욕치연　　　즉시화갱　　　탐애침닉　　　변위고해
利欲熾然이면 卽時火坑이요 貪愛沈溺하면 便爲苦海나

일념청정　　　열염성지　　　일념경각　　　선등피안
一念淸淨하면 烈焰成池하고 一念警覺하면 船登彼岸이라

　　염두초이　　경계돈수　　가불신재
하니 念頭稍異면 境界頓殊니 可不愼哉아.

○ 풀이　　인생의 복과 재앙은 모두 마음에서 이루어진다. 그러므로 석가
여래가 말하기를 '욕심이 불같이 타오르면 그것이 바로 불구덩이요, 탐
애(貪愛)에 빠지면 그것이 문득 고해가 되는 것이다. 한 생각이 맑고 깨
끗하면 거센 불길도 연못이 되며, 한마음에 깨달음이 있으면 배는 저 언
덕에 오른다.'고 했다. 이와 같이 생각이 조금만 달라도 경지가 크게 달
라지니, 어찌 삼가지 않을 수 있겠는가?

　　　복경(福境) : 행복의 경지 • 화구(禍區) : 재앙의 구역 • 조성造成() :
만들어짐, 이루어짐 • 치연(熾然) : 거세게 타오르는 모양 • 화갱(火坑) : 불구덩
이 • 탐애(貪愛) : 탐내고 집착하는 것 • 침닉(沈溺) : 빠짐 • 열염(烈焰) : 거센
불길 • 경각(警覺) : 경계하고 깨닫는 것 • 피안(彼岸) : 저 언덕. 죽고 나는 괴
로움을 벗어난 열반의 경지. 생사(生死)의 경계를 차안(此岸 : 이 언덕)이라고
함 • 염두(念頭) : 마음 • 초(稍) : 조금 • 돈수(頓殊) : 크게 다름, 크게 차이가
남 • 가불신재(可不愼哉) : 가히 삼가지 않을 수 있겠는가, 가히 신중하지 않을
수 있겠는가.

🏛 물이 모이면 내를 이룬다

승 거 목 단　　수 적 석 천　　학 도 자　　수 가 력 색
繩鋸木斷하고　水滴石穿하니　學道者는　須加力索이니라.

수 도 거 성　　과 숙 체 락　　득 도 자　　일 임 천 기
水到渠成하고　瓜熟蒂落하니　得道者는　一任天機니라.

○ 풀이　　새끼줄로도 톱 삼아서 나무를 자르고, 물방울도 돌을 뚫으니, 도를 배우는 이는 모름지기 힘써 찾기를 더해야만 한다. 물이 모이면 내를 이루고, 참외도 익으면 꼭지가 빠지니, 도를 얻으려는 이는 한결같이 하늘의 작용에 맡길 것이니라.

○ 주해　　승거목단(繩鋸木斷) : 새끼줄로 오랫동안 톱질하면 나무가 잘라진다고 함 • 수적석천(水滴石穿) : 물방울도 계속 떨어지면 돌에 구멍을 뚫을 수 있다고 함. 앞의 구절과 함께 노력의 중요성을 강조한 말임 • 역색(力索) : 힘써 찾음, 힘써 구함 • 수도거성(水到渠成) : 물이 모이면 시냇물을 이룸 • 과숙체락(瓜熟蒂落) : 참외가 익어 꼭지가 떨어짐. 체(蒂)는 꼭지 • 천기(天機) : 천지 자연의 오묘한 작용.

어찌 자연을 그리워하여 병이 들겠는가

기 식 시   변 유 월 도 풍 래   불 필 고 해 인 세
機息時에 便有月到風來하나니 不必苦海人世요

심 원 처   자 무 거 진 마 적   하 수 고 질 구 산
心遠處에 自無車塵馬迹이어늘 何須痼疾丘山이리오.

○ 풀이   마음이 쉬면 문득 달이 뜨고 바람이 불어오니 사람 사는 세상이 반드시 고해만은 아니다. 마음이 멀면 수레의 먼지와 말발굽 자국이 저절로 없어지니, 어찌 자연을 그리워하여 병이 들겠는가?

○ 주해   기(機) : 마음의 활동, 마음의 움직임 • 고해인세(苦海人世) : 괴로움이 많은 인간 세상 • 심원(心遠) : 마음이 속세에서 멀어짐. 도연명의 시에 '마음이 속세에서 머니 사는 데가 곧 외진 곳이라' [심원지자편(心遠地自偏이라]는 구절이 있음 • 거진마적(車塵馬迹) : 수레의 먼지와 말발굽 자국 • 고질구산(痼疾丘山) : 산수를 사랑함이 고질이 됨. 천석고황(泉石膏肓)과 같은 뜻임.

천지의 마음을 볼 수 있다

초목　　재영락　　변로맹영어근저
草木은 纔零落하면 便露萌穎於根底하고

시서　　수응한　　종회양기어비회
時序는 雖凝寒이나 終回陽氣於飛灰니라.

숙살지중　　생생지의　　상위지주
肅殺之中에 生生之意가 常爲之主하니

즉시가이견천지지심
卽是可以見天地之心이니라.

○ 풀이　　풀과 나뭇잎이 시들어 떨어지면 곧 밑뿌리에서 새싹이 돋아나고, 계절이 비록 얼어붙은 때라도 끝내 '날아오르는 재' 속에 봄기운이 되돌아온다. 만물을 죽이는 기운 속에서도 자라나게 하는 뜻이 늘 으뜸이 되나니, 이로써 천지의 마음을 볼 수 있노라.

○ 주해　　재(纔) : 겨우 • 영락(零落) : 시들어 떨어짐 • 노(露) : 드러냄 • 맹영(萌穎) : 싹 • 시서(時序) : 계절의 차례, 절기 • 응한(凝寒) : 얼어붙는 추위, 엄동, 혹한 • 비회(飛灰) : 옛날 중국에서는 대통 속에 갈대의 재를 넣어 동지가 되면 저절로 날아오게 하는 풍습이 있었음 • 숙살(肅殺) : 만물을 죽이는 찬 기운 • 생생(生生) : 만물을 나고 자라게 함 • 상위지주(常爲之主) : 늘 주인이 됨. 언제나 으뜸으로 삼음.

🏮 비 개인 뒤 산 빛을 바라보면

우여　　관산색　　경상　변각신연
雨餘에 觀山色하면 景象이 便覺新妍하고

야정　청종성　　음향　우위청월
夜靜에 聽鐘聲하면 音響이 尤爲淸越이니라.

○ 풀이　　비 개인 뒤 산 빛을 바라보면 경치의 아름다움을 새로이 깨닫
게 되며, 고요한 밤에 종소리를 들으면 그 울림이 한결 맑고도 높다.

○ 주해　　우여(雨餘) : 비가 온 뒤에 • 경상(景象) : 경치, 풍경 • 신연(新妍) : 새
로이 아름다움 • 야정(夜靜) : 고요한 밤 • 청월(淸越) : 맑고 높음.

👓 높은 곳에 오르면 마음이 넓어진다

등고　　　사인심광　　　임류　　　사인의원
登高하면 使人心曠하고 臨流하면 使人意遠하며

독서어우설지야　　사인신청
讀書於雨雪之夜면 使人神淸하고

서소어구부지전　　　사인흥매
舒嘯於丘阜之巔하면 使人興邁니라.

○ 풀이　　높은 곳에 오르면 사람의 마음이 넓어지고, 흐르는 물가에 다다르면 사람의 뜻이 원대해지며, 비나 눈이 오는 밤에 글을 읽으면 사람의 정신이 맑아지고, 언덕 위에 올라 휘파람을 불면 사람의 흥취가 높아지느니라.

○ 주해　　심광(心曠) : 마음이 넓어짐 • 유(流) : 흐름, 즉 물을 뜻함 • 의원(意遠) : 뜻이 원대함 • 신청(神淸) : 정신이 맑아짐 • 서소(舒嘯) : 천천히 휘파람을 붊 • 구부(丘阜) : 언덕 • 전(巔) : 산마루 • 흥(興) : 흥겨움, 흥취 • 매(邁) : 뛰어남, 고매함.

🟦 마음이 넓어야 한다

심 광　　　　칙 만 종　　　여 와 부
心曠하면 則萬鍾도 如瓦缶하고

심 애　　　　칙 일 발　　　사 거 륜
心隘하면 則一髮도 似車輪이니라.

○ 풀이　　마음이 넓으면 만종도 질항아리와 같고, 마음이 좁으면 한 오
라기의 터럭도 수레바퀴와 같도다.

○ 주해　　만종(萬鍾) : 많은 녹봉. 월급. 1종(鍾)은 6곡(斛) 4두(斗), 즉 여섯 섬
네 말(64말)임 • 와부(瓦缶) : 질그릇 • 심애(心隘) : 마음이 좁음 • 일발(一髮) :
한 올의 터럭 • 사거륜(似車輪) : 수레바퀴처럼 크게 보임.

속세의 마음도 이법(理法)의 경지가 된다

무 풍 월 화 류　　불 성 조 화　　　무 정 욕 기 호　　불 성 심 체
無風月花柳면　不成造化하고　無情欲嗜好면　不成心體라

지 이 아 전 물　　　불 이 물 역 아　　즉 기 욕　　막 비 천 기
只以我轉物하고　不以物役我면　則嗜欲도　莫非天機요

진 정　　즉 시 리 경 의
塵情도　卽是理境矣니라.

○풀이　　바람과 달, 꽃과 버들이 없으면 자연의 조화도 이루어지지 못
하고, 정욕과 기호(嗜好)가 없으면 마음의 본바탕도 이루어지지 못한다.
다만 내가 주인이 되어 사물을 부리고 내가 사물의 부림을 당하지 않는
다면, 곧 즐기는 것과 바라는 것도 하늘의 작용 아님이 없고, 속세의 마
음도 이법(理法)의 경지가 되는 것이다.

○주해　　조화(造化) : 조물주의 재주 • 기호(嗜好) : 즐기고 좋아함 • 심체(心
體) : 마음의 본체, 마음의 바탕 • 이아전물(以我轉物) : 내 의지로 사물을 부
림 • 이물역아(以物役我) : 사물이 나를 부림 • 기욕(嗜欲) : 기호와 정욕 • 천기
(天機) : 하늘의 작용 • 진정(塵情) : 속세의 마음, 속세의 감정 • 이경(理境) : 진
리의 경지. 천리(天理)의 경지, 이법의 경지.

속세를 초월할 수 있다

취 일 신　　　료 일 신 자　　방 능 이 만 물　　부 만 물
就一身하여 了一身者는 方能以萬物로 付萬物하며

환 천 하 어 천 하 자　　방 능 출 세 간 어 세 간
還天下於天下者는 方能出世間於世間이니라.

○ 풀이　자기 한 몸에 대하여 그 한 몸을 모두 깨달은 이는 바야흐로 능히 만물을 만물에게 맡길 수 있고, 천하를 천하에 돌려주는 이는 바야흐로 능히 속세에 살면서 속세를 초월할 수 있는 것이다.

○ 주해　취(就) : 나아감, ~에 대하여, ~에 관하여 • 요(了) : 깨닫는 것 • 방(方) : 바야흐로 • 부(付) : 맡기는 것, 붙임, 부여함 • 출세간어세간(出世間於世間) : 속세에 살면서도 속세를 벗어나는 것. 차안(此岸 : 이 언덕, 곧 생사의 경계)이 즉 피안(彼岸 : 저 언덕, 곧 열반의 세계)이 되는 그런 경지임.

풍월의 멋 또한 즐겨야 한다

인생 태한 즉별념 절생
人生이 太閑하면 則別念이 竊生하고

태망 즉진성 불현
太忙하면 則眞性이 不現하나니

고 사군자 불가불포신심지우
故로 士君子는 不可不抱身心之憂하고

역불가불탐풍월지취
亦不可不耽風月之趣이니라.

○ 풀이 사람이 지나치게 한가하면 엉뚱한 생각이 몰래 일어나며, 너무
바쁘면 참된 성품이 드러나지 못한다. 그러므로 군자는 몸과 마음에 근
심을 품지 않을 수 없고, 풍월의 멋 또한 즐기지 않을 수 없다.

○ 주해 태(太) : 너무, 지나치게 • 한(閑) : 한가함 • 별념(別念) : 잡념, 엉뚱
한 생각 • 절생(竊生) : 몰래 생겨남, 슬며시 일어남 • 태망(太忙) : 너무 바쁨,
지나치게 분주함 • 진성(眞性) : 참된 성품, 본성 • 불현(不現) : 나타나지 않음,
드러나지 못함 • 포(抱) : 안다, 지니다, 품다 • 탐(耽) : 즐김 • 풍월지취(風月之
趣) : 자연을 즐기는 취미. 청풍명월(淸風明月)의 멋.

천지자연의 참다운 작용

인심   다종동처   실진   약일념불생   징연정좌
人心은 多從動處에 失眞하니 若一念不生하고 澄然靜坐하면

운흥이유연공서   우적이냉연구청   조제이흔연유회
雲興而悠然共逝하고 雨滴而冷然俱淸하며 鳥啼而欣然有會하고

화락이소연자득   하지비진경   하물비진기
花落而瀟然自得하리니 何地非眞境이며 何物非眞機리오.

○ 풀이   사람의 마음은 흔히 흔들리는 데서 본성을 잃게 된다. 만약 한 가지 생각도 일어남이 없이 맑은 마음으로 고요히 앉아 있으면, 구름이 일어나면 한가로이 함께 가고, 빗방울이 떨어지면 서늘하게 함께 맑아지며, 새가 지저귀면 흐뭇하게 느끼고, 꽃이 떨어지면 뚜렷이 절로 깨달을 것이니 어디인들 참 경지가 아니며 무엇인들 참된 작용이 아니리오.

○ 주해   다(多) : 많이, 흔히 • 종(從) : ~을 따라서 • 실진(失眞) : 진심을 잃음, 본성을 잃게 됨 • 일념(一念) : 한 가지 생각 • 징연(澄然) : 맑은 모양 • 정좌(靜坐) : 고요히 앉아 있음 • 유연(然) : 한가한 모양 • 서(逝) : 가다 • 우적(雨滴) : 빗방울이 떨어짐 • 냉연(冷然) : 서늘한 모습 • 제(啼) : 울다 • 흔연(欣然) : 기쁜 모양 • 회(會) : 마음에 맞음, 회심, 회득 • 소연(然) : 깨끗한 모양 • 자득(自得) : 도리를 깨달음 • 진경(眞境) : 참된 경지, 깨달음의 경지 • 진기(眞機) : 천지자연의 참다운 작용, 진정한 활동.

세상 이치를 터득한 사람

자 생 이 모 위　　　강 적 이 도 규
子生而母危하고 鏹積而盜窺하나니

하 희 비 우 야　　　빈 가 이 절 용
何喜非憂也리오 貧可以節用하고

병 가 이 보 신　　　하 우 비 희 야
病可以保身하나니 何憂非喜也리오.

고　　달 인　　당 순 역 일 시　　이 흔 척 양 망
故로 達人은 當順逆一視하며 而欣戚兩忘이니라.

○ 풀이　　자식이 태어날 때 그 어미는 위험하고, 돈 꾸러미가 쌓이게 되면 도둑이 엿보니 어찌 기쁨은 근심이 아니랴! 가난은 씀씀이를 아끼게 하고 병이 들면 몸을 보양하니 어찌 근심은 기쁨이 아니랴! 그러므로 세상 이치를 터득한 이는 순경과 역경을 같이 보며, 기쁨과 근심을 모두 잊어버린다.

○ 주해　　강(鏹) : 전대, 돈 • 규(窺) : 엿봄 • 절용(節用) : 절약해서 씀, 씀씀이를 아낌 • 달인(達人) : 세상의 이치를 터득한 사람 • 순역(順逆) : 순경과 역경, 행운과 시련 • 일시(一視) : 하나로 봄, 동일시함 • 흔척(欣戚) : 기쁨과 슬픔.

🏮 바깥 사물과 나를 다 잊게 된다

이근　　사표곡투향　　과이불류　　즉시비구사
耳根은 似飈谷投響하여 過而不留면 則是非俱謝하고

심경　　여월지침색　　공이불착　　즉물아양망
心境은 如月池浸色하여 空而不著하면 則物我兩忘이니라.

○ 풀이　　귀는 마치 세찬 바람이 골짜기를 울림과 같이하여 지나간 뒤에 소리를 남기지 않으면 시비도 함께 사라진다. 마음은 마치 달빛이 연못에 잠김과 같이하여 텅 비어 집착치 않으면 곧 바깥 사물과 나를 다 잊게 된다.

○ 주해　　이근(耳根) : 귀. 불교에서 말하는 여섯 가지의 감각기관 중의 하나임 • 표(飈) : 회오리바람 • 투향(投響) : 메아리침, 소리를 울림 • 구사(俱謝) : 함께 사라짐, 함께 물러감 • 월지침색(月池浸色) : 달빛이 연못에 잠김, 달빛이 연못에 미침 • 불착(不著) : 집착하지 않음 • 물아(物我) : 바깥 사물과 나.

스스로 자기 마음을 티끌로 하고 괴롭게 할 따름이다

세인　위영리전박　　동왈진세고해　　부지운백산청
世人은 爲榮利纏縛하여 動曰塵世苦海라 하며 不知雲白山靑하고

천행석립　　화영조소　　곡답초구　　세역부진
川行石立하며 花迎鳥笑하고 谷答樵謳하나니 世亦不塵이요

해역불고　　피자진고기심이
海亦不苦언마는 彼自塵苦其心爾니라.

○ 풀이　　세상 사람들은 영화와 명리에 얽매어 있어 걸핏하면 티끌세상
이니 괴로움의 바다니 하고 말하지만, 구름은 희고 산은 푸르며 냇물은
흐르고 바위는 우뚝하며 꽃은 피고 새는 노래하며 골짜기가 응답하고
나무꾼이 노래하는 것을 알지 못한다. 티끌 세상도 아니요, 괴로움의 바
다도 아니건만 그들은 스스로 자기 마음을 티끌로 하고 괴롭게 할 따름
이다.

○ 주해　　영리(榮利) : 영화와 명리(名利) • 전박(纏縛) : 얽매임, 구속당함, 속
박 • 동왈(動曰) : 흔히 말함 • 진세(塵世) : 티끌세상, 어지러운 속세 • 고해(苦
海) : 괴로움과 고통이 많은 이 세상 • 초구(樵謳)　: 나무꾼이 노래함 • 진고
(塵苦) : 진세와 고해 • 이(爾) : ~할 뿐이다, ~할 따름이다.

그 가운데 크게 아름다운 멋이 있다

花看半開하고 酒飮微醺하면 此中에 大有佳趣니라.
화 간 반 개　　주 음 미 훈　　차 중　　대 유 가 취

若至爛漫酕醄면 便成惡境하나니 履盈滿者는 宜思之니라.
약 지 란 만 모 도　　변 성 악 경　　이 영 만 자　　의 사 지

○ 풀이　 꽃은 반쯤 핀 것을 보고 술은 약간 취하도록 마시면, 그 가운데 크게 아름다운 멋이 있다. 만약 꽃이 활짝 피고 술이 흠씬 취하기에 이르면 곧 좋지 못한 상태를 이루게 되니, 가득 찬 처지에 있는 이는 당연히 이를 생각해야 한다.

○ 주해　 미훈(微醺) : 약간 취함 • 가취(佳趣) : 아름다운 멋, 아름다운 취미 • 난만(爛漫) : 한창 무르녹음, 꽃이 활짝 핀 모습 • 모도(酕醄) : 술에 흠뻑 취함 • 악경(惡境) : 나쁜 상태, 재앙의 경지 • 영만(盈滿) : 가득 찬 상태, 부귀영화의 절정에 다다름.

🏮 산나물은 사람이 기르지 않는다

산 효　　불 수 세 간 관 개　　　야 금
山肴는 不受世間灌漑하고 野禽은

불 수 세 간 환 양　　　기 미 개 향 이 차 열
不受世間豢養이로되 其味皆香而且冽하니

오 인　　능 불 위 세 법 소 점 염　　기 취 미 불 형 연 별 호
吾人도 能不爲世法所點染하면 其臭味不迥然別乎아.

○ 풀이　　산나물은 사람이 물을 대어 가꾸지 않아도 절로 자라고, 들새
는 사람이 먹여 기르지 않아도 절로 살건만, 그 맛은 모두 향기롭고 맑
다. 우리도 능히 세상법도에 물들지 아니하면, 그 품격이 세속과 멀어져
별다르지 않으랴.

○ 주해　　산효(山肴)　: 산나물 • 관개(灌漑) : 물을 댐, 가꿈 • 야금(野禽) : 들
새 • 환양(豢養) : 먹여서 기름, 사육함 • 열(冽) : 차가움, 맑은 것 • 세법(世法)
: 세상의 법도, 세속의 명리(名利) • 점염(點染) : 물들어 더럽혀짐 • 취미(臭味)
: 냄새와 맛, 품위 · 품격 · 인격을 뜻함 • 형연(然) : 아득히 먼 모습.

어찌 아름다운 멋이 있으랴

재화종죽   완학관어   우요유단자득처   약도류연광경
栽花種竹하고 玩鶴觀魚도 又要有段自得處니 若徒留連光景하여

완농물화   역오유지구이   석씨지완공이이   석씨지완공이이
玩弄物華면 亦吾儒之口耳요 釋氏之頑空而已니 何有佳趣리오.

○ 풀이 꽃을 가꾸고 대를 심으며 학과 놀고 물고기를 바라보는데도, 또한 한갓 스스로 깨닫는 바가 있어야 한다. 만약 한낱 그 광경에만 끌려 거죽의 화려함만을 즐긴다면 이는 우리 유가의 '입과 귀로만 하는 학문'이요, 불가의 '일체만 물은 공(空)'일 뿐이니, 어찌 아름다운 멋이 있으리오!

○ 주해 유련(留連) : 반하고 빠지는 것 • 완롱(玩弄) : 감상하고 즐기는 것 • 물화(物華) : 겉모습의 아름다움, 거죽의 화려함 • 구이(口耳) : 구이지학(口耳之學). 귀로 들을 것을 단순히 입으로 말하는 것으로 그침, 깨달음과 실천이 없는 무익한 학문 • 완공(頑空) : 소승불교에서는 일체만물을 공(空)으로 봄 • 이이(而已) : ~할 뿐이다. ~할 따름이다.

🏵 차라리 구렁에 빠져 죽을망정

산림지사   청고이일취자요
山林之士는 淸苦而逸趣自饒하고

농야지부   비략이천진혼구
農野之夫는 鄙略而天眞渾具하나니

약일실신시정장괴   불약전사구학   신골유청
若一失身市井駔儈면 不若轉死溝壑이라도 神骨猶淸이니라.

○풀이   산림의 선비는 가난하나 깨끗하게 살아 스스로 높은 멋이 넉
넉하고, 들의 농부는 거칠지만 꾸밈이 없어 천진스러움을 다 지니고 있
다. 만약 한번 몸을 잃어 시장바닥의 거간꾼이 된다면 이는 차라리 구렁
에 빠져 죽을망정 오히려 정신과 몸을 깨끗이 함만 못하리로다.

○주해   청고(淸苦) : 청백빈고(淸白貧苦). 가난하지만 깨끗하게 살아감 • 일
취(逸趣) : 세속을 초월한 취미, 높고 뛰어난 취미 • 요(饒) : 풍부함, 넉넉함 •
비략(鄙略) : 거칠고 꾸밈이 없음, 거칠고 소박함 • 혼구(渾具) : 다 지님, 모두
갖춤 • 시정(市井) : 저자거리, 시장바닥 • 장괴(駔儈) : 거간꾼, 중개인 • 불약
(不若) : ~함만 같지 못하다, ~하는 것만 못하다 • 전(轉) : 굴러 떨어짐 • 구학
(溝壑) : 도랑과 골짜기 • 신골(神骨) : 정신과 육체, 마음과 몸.

인간 세상의 함정

비분지복　　무고지획　　비조물지조이　　즉인세지기정
非分之福과 無故之獲은 非造物之釣餌면 即人世之機阱이니

차처　　착안불고　　　선불타피술중의
此處에 著眼不高하면 鮮不墮彼術中矣리라.

○ 풀이　　분에 넘치는 복과 까닭 없는 얻음은 조물주의 낚싯밥이 아니
면 곧 인간 세상의 함정이다. 이런 곳에서는 눈을 높이 두지 않으면 그
속임수에 넘어가지 않을 사람이 드물 것이다.

○ 주해　　비분(非分) : 분수에 넘침 • 무고(無故) : 까닭이 없음 • 획(獲) : 얻음,
이득 • 조물(造物) : 조물주 • 조이(釣餌) : 낚싯밥, 이(餌)는 미끼 • 기정(機阱) :
함정 • 착안(著眼) : 눈을 둠 • 선(鮮) : 드물다 • 불타(不墮) : 떨어지지 않음, 빠
지지 않음 • 술(術) : 기술, 술책, 속임수.

삶은 본디 한갓 꼭두각시놀음이다

인생   원시일괴뢰   지요근체재수
人生은 原是一傀儡니 只要根蒂在手니라.

일사불란   권서자유   행지재아
一絲不亂하여 卷舒自由하고 行止在我하여

일호불수타인제철   변초출차장중의
一毫不受他人提掇하면 便超出此場中矣리라.

○ 풀이　삶은 본디 한갓 꼭두각시놀음이니 다만 그 밑동을 손에 쥐고 있어야 한다. 한 가닥의 실도 헝클어짐이 없어 감고 푸는 것이 자유로워야 움직이고 멈춤이 내 뜻에 있게 되니, 털끝만큼도 남의 간섭을 받지 않아야 곧 이 무대에서 벗어날 수 있으리라.

○ 주해　괴뢰(傀儡) : 꼭두각시 • 지(只) : 다만 • 근체(根蒂) : 뿌리, 근본 • 일사분란(一絲不亂) : 한 가닥의 실도 헝클어지지 않음 • 권서(卷舒) : 감고 푸는 것 • 행지(行止) : 움직이고 멈춤 • 일호(一毫) : 털끝만큼도, 추호도 • 제철(提掇) : 간섭 • 초출(超出) : 벗어남 • 장중(場中) : 마당, 삶의 무대.

음란과 사악의 소굴이 되다

음 분 지 부　　교 이 위 니　　　열 중 지 인　　격 이 입 도
淫奔之婦가　矯而爲尼하고　熱中之人도　激而入道하니

청 정 지 문　　　상 위 음 사 연 수 야　　　여 차
淸淨之門이　常爲婬邪淵藪也가　如此로다.

○ 풀이　　음란하던 여인이 극단에 이르면 여승이 되고, 일에 열중하던
이가 격해지면 중이 되는 수가 있다. 깨끗해야 할 사문(沙門, 절, 불문)이
늘 음란과 사악의 소굴이 됨이 이와 같도다.

○ 주해　　음분(淫奔) : 음란함, 음탕함 • 교(矯) : 극단에 이름 • 니(尼) : 여승 •
격(激) : 과격해짐 • 입도(入道) : 불문에 들어감 • 청정지문(淸淨之門) : 불문을
뜻함 • 음(爲) : 음란함. 음(淫)과 통함 • 사(邪) : 사악함 • 연수(淵藪) : 물고기
가 모여드는 연못과 새, 짐승이 모이는 숲, 소굴.

한 가지 이로운 일이 일어나면 한 가지 해로운 일도 생긴다

일 사 기　　즉 일 해 생
一事起면 則一害生하나니

고　　천 하 상 이 무 사 위 복
故로 天下常以無事爲福이니라.

독 전 인 시　　운　　권 군 막 화 봉 후 사
讀前人詩에 云하되 勸君莫話封侯事하라

일 장 공 성 만 골 고　　우 운
一將功成萬骨枯니 又云하되

천 하 상 영 만 사 평　　궤 중 불 석 천 년 사
天下常令萬事平이면 匱中不惜千年死라 하니

수 유 웅 심 맹 기　　부 각 화 위 빙 산 의
雖有雄心猛氣나 不覺化爲氷霰矣리라.

　한 가지 이로운 일이 일어나면 한 가지 해로운 일도 생긴다. 그러므로 천하는 늘 일 없는 것을 복으로 여긴다. 옛 사람의 시를 읽으니 이르기를 '그대에게 권하노니 제후에 봉하는 일은 말하지 말라. 한 장수가 공훈을 세움에는 만 사람의 뼈가 마르니라.'고 하였고, 또 이르기를 '천하가 늘 평화롭다면 칼이 갑 속에서 천 년을 썩어도 아깝지 않으리라.'고 하였다. 비록 영웅의 마음과 맹렬한 기상이 있을지라도 자기도 모르는 사이에 얼음과 눈 녹듯이 사라지리라.

○ 주해　　전인시(前人詩) : 이 시는 조송(曹松)이 황소의 난으로 백성들이 고통을 받던 당희종 건부 6년(AD 879년) 기해년(己亥年)에 지은 것으로 추정됨. 칠언 절구로 기해세(己亥歲)란 제목이 붙음. 전쟁의 잔학성과 모순을 규탄한 시임 • 봉후사(封侯事) : 제후에 봉하여 지는 일 • 만골고(萬骨枯) : 수많은 사람이 죽어 그 해골이 마르고 있음 • 우운(又云) : 작자가 밝혀지지 않음 • 불석(不惜) : 아깝지 않음 • 사(死) : 사장됨 • 웅심맹기(雄心猛氣) : 영웅다운 마음과 용맹스러운 기상 • 빙산(氷霰) : 얼음과 싸락눈.

인생에 한번쯤
교양으로 읽는
채근담

초판 1쇄 인쇄 2022년 8월 12일
초판 1쇄 발행 2022년 8월 22일

지은이 | 홍자성
편저자 | 김선옥
펴낸이 | 김의수
펴낸곳 | 레몬북스(제 396-2011-000158호)
주 소 | 경기도 고양시 덕양구 삼원로73 한일윈스타 1406호
전 화 | 070-8886-8767
팩 스 | (031) 990-6890
이메일 | kus7777@hanmail.net

ISBN 979-11-91107-27-2 (03140)